Les nombres en mots cachés

Encercle dans la grille les mots du bas de la page.

J	C	I	N	Q	G	O	N	Z	E	P	U
D	D	I	X	-	S	E	P	T	K	Y	N
E	J	V	I	N	G	T	S	N	E	U	F
U	Q	U	A	T	O	R	Z	E	R	T	L
X	D	V	H	B	U	F	H	W	S	I	X
O	O	D	I	X	-	H	U	I	T	W	M
D	U	K	N	D	I	X	-	N	E	U	F
I	Z	T	R	E	I	Z	E	Q	S	A	T
X	E	N	Z	S	E	I	Z	E	E	O	R
M	B	H	U	I	T	D	L	C	P	B	O
A	D	V	Q	U	I	N	Z	E	T	O	I
Q	U	A	T	R	E	P	R	G	L	S	S

un	six	onze	seize
deux	sept	douze	dix-sept
trois	huit	treize	dix-huit
quatre	neuf	quatorze	dix-neuf
cinq	dix	quinze	vingt

Intervalles de 2

Compte par intervalles de 2.

1.	
	44, __46__, _____, _____, _____, _____, _____
2.	
	15, _____, _____, _____, _____, _____, _____
3.	
	82, _____, _____, _____, _____, _____, _____
4.	
	26, _____, _____, _____, _____, _____, _____
5.	
	33, _____, _____, _____, _____, _____, _____
6.	
	50 _____, _____, _____, _____, _____, _____
7.	
	68, _____, _____, _____, _____, _____, _____

Compte à rebours par intervalles de 2.

8.	
	30, __28__, _____, _____, _____, _____, _____
9.	
	48, _____, _____, _____, _____, _____, _____
10.	
	64, _____, _____, _____, _____, _____, _____

Intervalles de 5

Compte par intervalles de 5.

1.	0, __**5**__, _____, _____, _____, _____, _____
2.	35, _____, _____, _____, _____, _____, _____
3.	70, _____, _____, _____, _____, _____, _____

Compte à rebours par intervalles de 5.

4.	50, _____, _____, _____, _____, _____, _____
5.	35, _____, _____, _____, _____, _____, _____
6.	70, _____, _____, _____, _____, _____, _____

7. Encercle les groupes de 5. Compte par intervalles de 5, puis compte par 1.

A B C D E F G H I J K L M N O

P Q R S T U V W X Y Z

_____ lettres

Intervalles de 10

Compte par intervalles de 10.

1.	
	20, _____, _____, _____, **60**, _____, _____
2.	
	15, _____, _____, _____, _____, _____, _____
3.	
	22, _____, _____, _____, _____, _____, _____
4.	
	43, _____, _____, _____, _____, _____, _____
5.	
	27, _____, _____, _____, _____, _____, _____

Compte à rebours par intervalles de 10.

6.	
	100, _____, _____, _____, _____, _____, _____
7.	
	66, _____, _____, _____, _____, _____, _____
8.	
	88, _____, _____, _____, _____, _____, _____

Compter jusqu'à 200 par intervalles de 5

Relie les points, tout en comptant jusqu'à 200 par intervalles de 5.

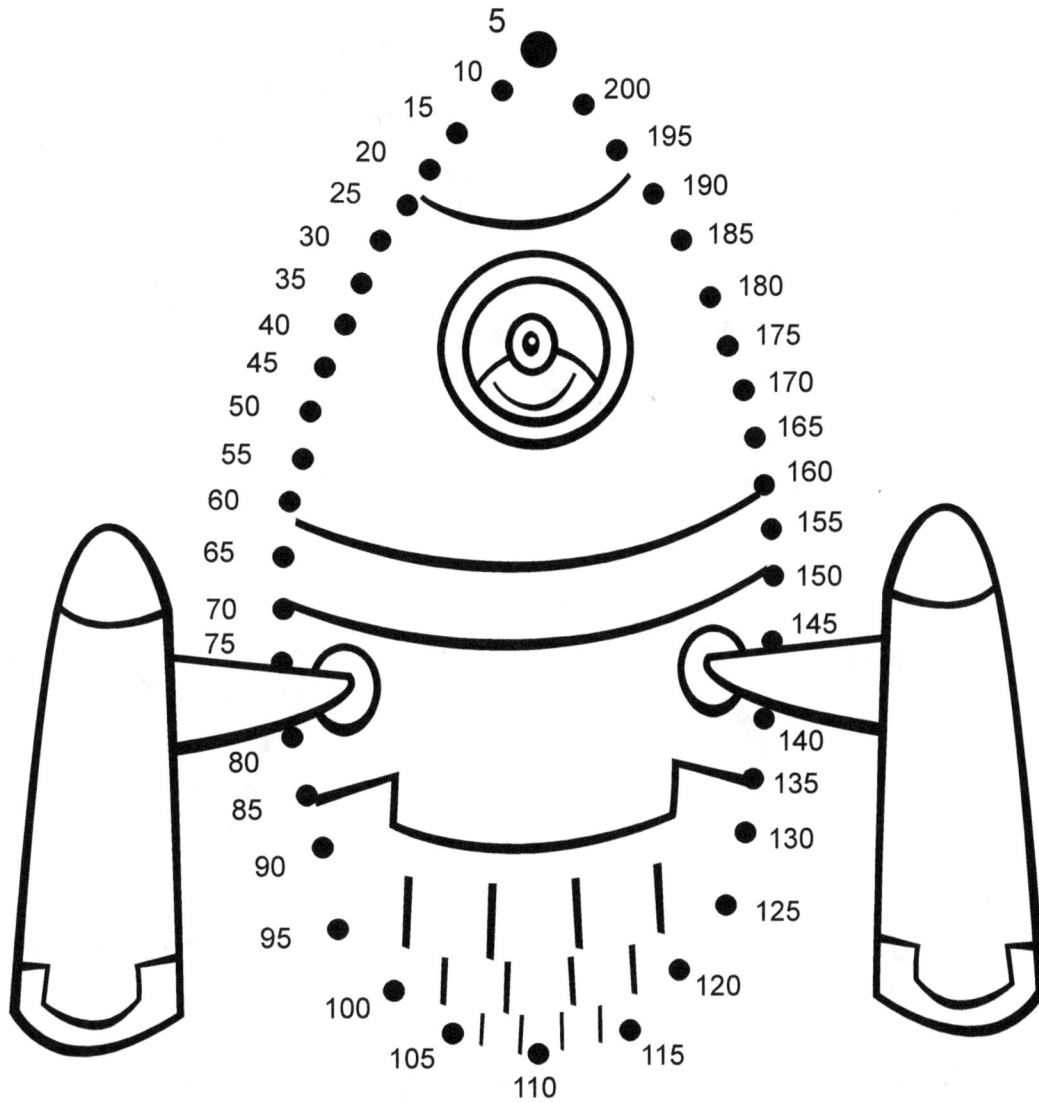

5
10   200
15
20   195
25   190
30   185
35   180
40   175
45   170
50   165
55   160
60   155
65   150
70   145
75
80   140
85   135
                130
90
95   125
100   120
105   115
110

RÉFLÉCHIS BIEN

Compte à rebours par intervalles de 5.

100, _____, _____, _____, _____, _____, _____, _____

Compte à rebours par intervalles de 2.

150, _____, _____, _____, _____, _____, _____, _____

Compter à rebours par 1

Commence au point 50. Relie les points en comptant à rebours par 1.

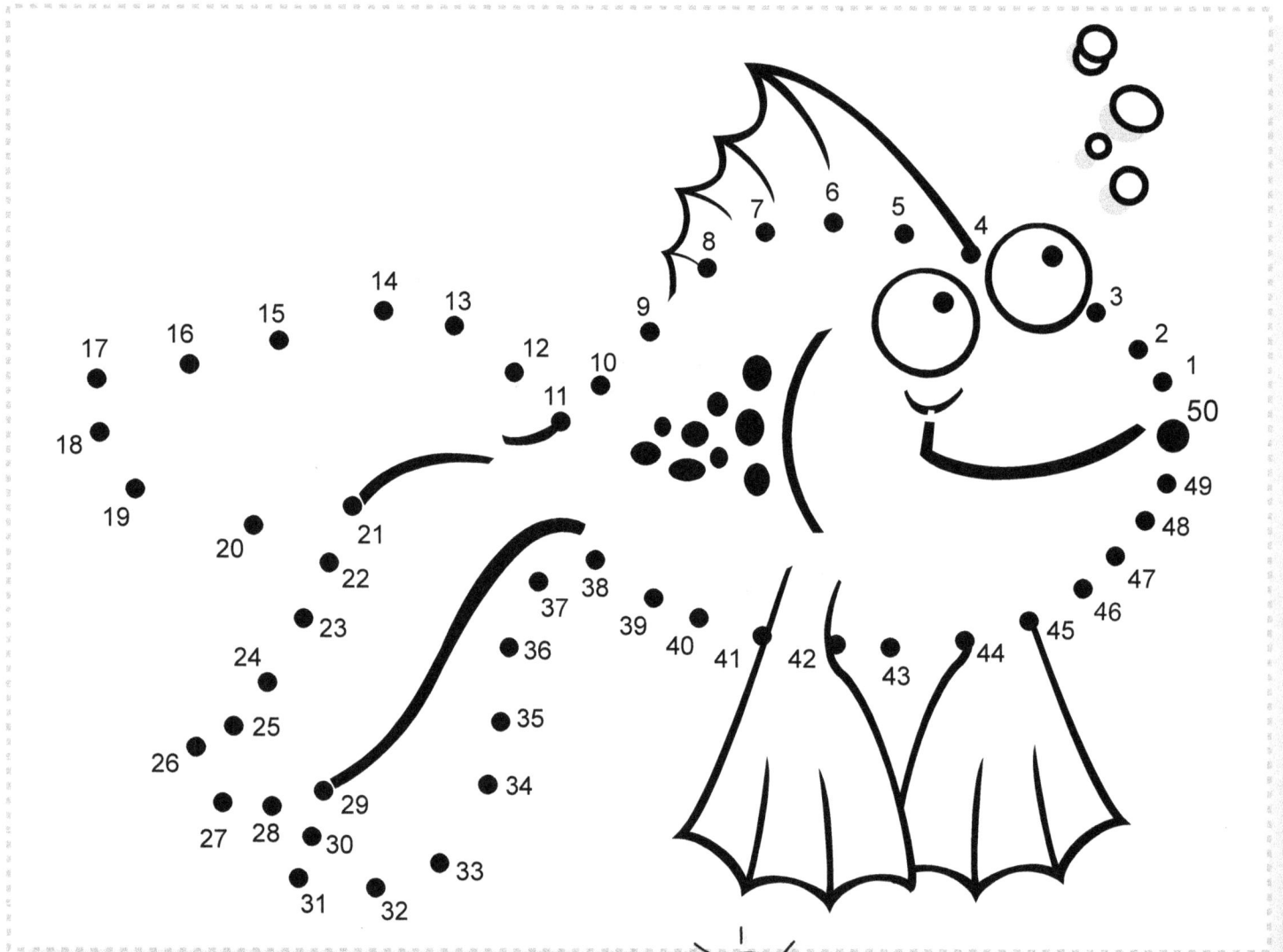

49 50 51 52 53 54 55 56 57 58 59 60 61 62 63 64 65 66 67 68 69 70

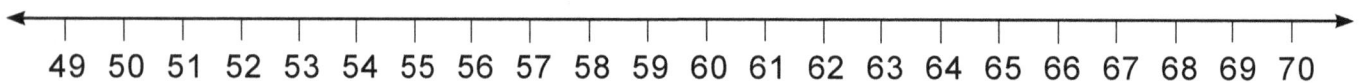

Quels nombres sont entre 56 et 63? _____

Quels nombres sont entre 66 et 70? _____

Suite de nombres croissants

Dans une suite de nombres croissants, les nombres montent.

$$\left(+2\right) \quad \left(+2\right) \quad \left(+2\right) \quad \left(+2\right) \quad \left(+2\right) \quad \left(+2\right)$$

2   4   6   8   10   12   14

La règle de la suite est : ajouter 2 chaque fois.

Crée une suite de nombres croissants en additionnant.

1. La règle de la suite est : ajouter 3 chaque fois.

3, _____, _____, _____, _____, _____, _____, _____

2. La règle de la suite est : ajouter 5 chaque fois.

15, _____, _____, _____, _____, _____, _____, _____

3. La règle de la suite est : ajouter 10 chaque fois.

5, _____, _____, _____, _____, _____, _____, _____

4. Crée ta propre règle. La règle de la suite est : ajouter _____ chaque fois.

6, _____, _____, _____, _____, _____, _____, _____

Suite de nombres décroissants

Dans une suite de nombres décroissants, les nombres descendent.

$\boxed{-2}$ $\boxed{-2}$ $\boxed{-2}$ $\boxed{-2}$ $\boxed{-2}$ $\boxed{-2}$

20   18   16   14   12   10   8

La règle de la suite est : soustraire 2 chaque fois.

Crée une suite de nombres décroissants en soustrayant.

1. La règle de la suite est : soustraire 3 chaque fois.

27, _____, _____, _____, _____, _____, _____, _____

2. La règle de la suite est : soustraire 5 chaque fois.

35, _____, _____, _____, _____, _____, _____, _____

3. La règle de la suite est : soustraire 10 chaque fois.

100, _____, _____, _____, _____, _____, _____, _____

4. Crée ta propre règle. La règle de la suite est : soustraire _____ chaque fois.

25, _____, _____, _____, _____, _____, _____, _____

Nombres pairs et impairs

Regarde le chiffre dans la position de l'unité pour savoir si un nombre est pair ou impair.

Les nombres impairs se terminent par 1, 3, 5, 7 ou 9.

Les nombres pairs se terminent par 0, 2, 4, 6 ou 8.

Colorie les nombres pairs en orange. Colorie les nombres impairs en vert.

78
7
10
8
51
83
75
32
133
100
91
2
84
27
37
90
136
89
13
71
176
77
167
44
70
20
85

Ordonner des nombres

1. Trouve le nombre manquant.

Juste avant : __81__, 82, 83	Juste avant : _____, 65, 66
Juste après : 11, 12, _____	Juste avant et après : _____, 89, _____
Entre : 4, _____, 6	Juste après : 16, 17, _____
Entre : 69, _____, 71	Juste avant et après : _____, 40, _____
Juste après : 33, 34, _____	Juste avant : _____, 56, 57

2. Ordonne chaque groupe de nombres, du plus petit au plus grand.

54, 29, 71, 18, 27, 11   _____, _____, _____, _____, _____, _____

39, 63, 3, 84, 17, 40   _____, _____, _____, _____, _____, _____

3. Ordonne chaque groupe de nombres, du plus grand au plus petit.

46, 71, 24   _____, _____, _____   19, 11, 15   _____, _____, _____

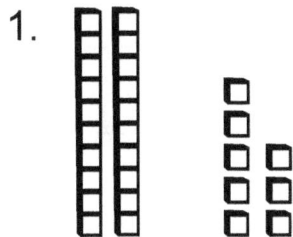

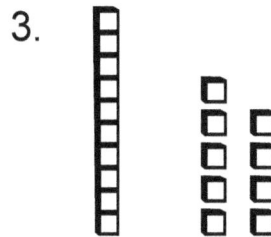

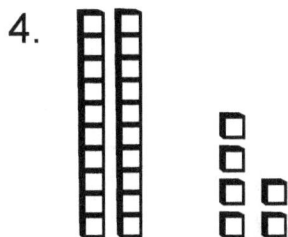

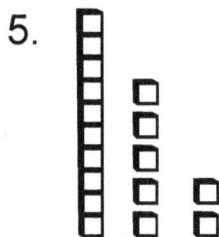

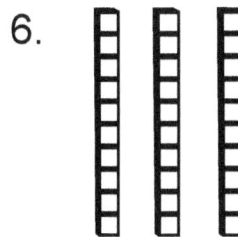

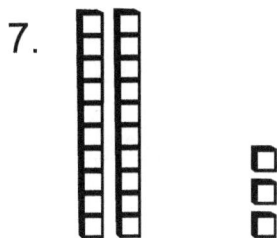

Dizaines et unités

Compte les dizaines et les unités. Donne le nombre total de cubes.

Chaque pile a 10 cubes.

Chaque cube est 1 unité.

1 dizaine + 5 unités = 15

1.
_____ dizaines + _____ unités

Nombre : _____

2.
_____ dizaines + _____ unités

Nombre : _____

3.
_____ dizaine + _____ unités

Nombre : _____

4.
_____ dizaines + _____ unités

Nombre : _____

5.
_____ dizaine + _____ unités

Nombre : _____

6.
_____ dizaines + _____ unité

Nombre : _____

7.
_____ dizaines + _____ unités

Nombre : _____

8.
_____ dizaines + _____ unité

Nombre : _____

9.
_____ dizaines + _____ unités

Nombre : _____

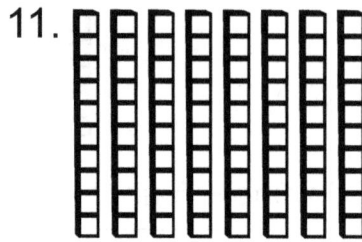

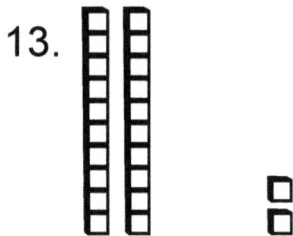

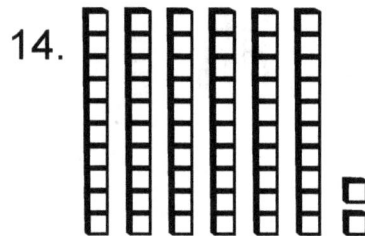

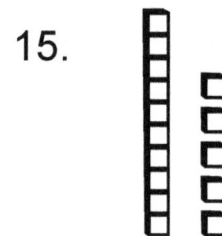

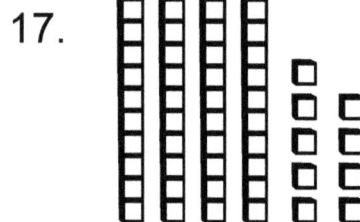

Dizaines et unités (suite)

Compte les dizaines et les unités. Donne le nombre total de cubes.

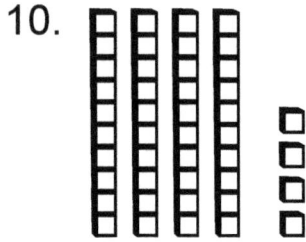

10.

____ dizaines + ____ unités

Nombre : _____

11.

____ dizaines + ____ unité

Nombre : _____

12.

____ dizaines + ____ unité

Nombre : _____

13.

____ dizaines + ____ unités

Nombre : _____

14.

____ dizaines + ____ unités

Nombre : _____

15.

____ dizaine + ____ unités

Nombre : _____

16.

____ dizaine + ____ unités

Nombre : _____

17.

____ dizaines + ____ unités

Nombre : _____

18.

____ dizaines + ____ unités

Nombre : _____

RÉFLÉCHIS BIEN

Encercle le plus grand nombre dans chaque paire de nombres.

32   49   8   28   72   89   59   75

Écrire les nombres de différentes façons

Encercle les deux bonnes façons d'arriver au nombre indiqué dans la première colonne.

1.

41   **40 + 1**   **1** dizaine et **4** unités

2.

29      **2** dizaines et **9** unités   **2 + 9**

3.

16   **1** dizaine et **6** unités      **10 + 6**

4.

53   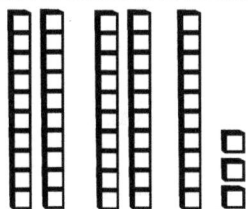   **5** dizaines et **3** unités   **30 + 5**

5.

90   **0** dizaine et **9** unités   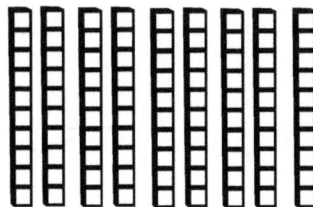   **90 + 0**

Écrire les nombres dans leur forme normale

Il y a différentes façons d'écrire un nombre.

10 + 7

1 dizaine + 7 unités

dix-sept

17

17 est la forme normale de ce nombre.

Écris chaque nombre dans sa forme normale.

1. 40 + 5 _____

2. 7 dizaines 6 unités _____

3. dix-neuf _____

4. 60 + 2 _____

5. 8 dizaines 4 unités _____

6. onze _____

7. 50 + 6 _____

8. huit _____

9. 5 dizaines 3 unités _____

10. quatre _____

11. 3 dizaines 9 unités _____

12. 80 + 3 _____

Trouver les sommes tout en s'amusant

1. Sers-toi de la légende des couleurs pour colorier l'image.

Légende des couleurs
1, 2, 3, 4, 5, 6 rouge
7, 8, 9, 10, 11, 12 bleu
13, 14, 15, 16, 17 orange
18, 19, 20 vert

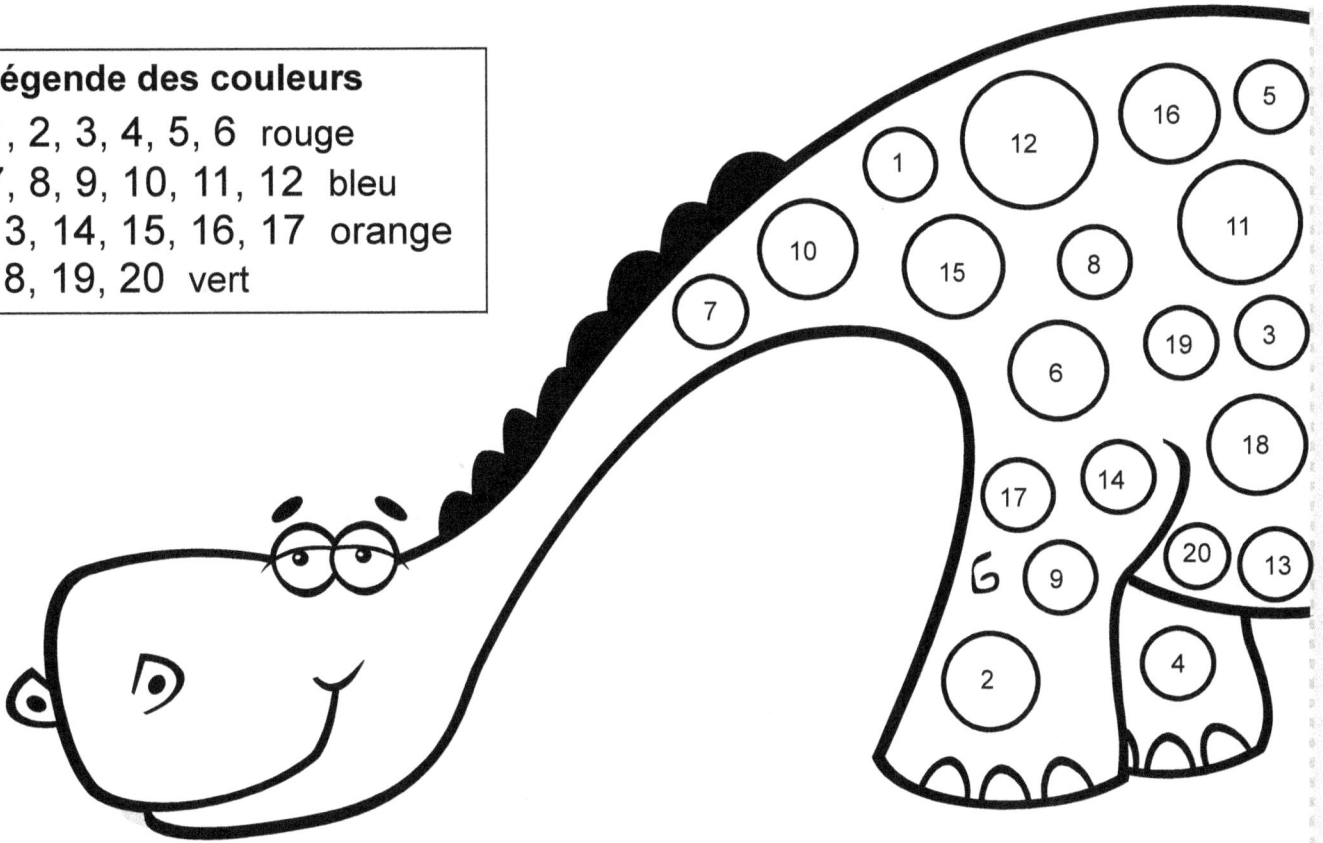

2. Trouve les sommes.

5 + 4 = _____	6 + 6 = _____	3 + 6 = _____
1 + 7 = _____	0 + 1 = _____	9 + 5 = _____
4 + 2 = _____	2 + 2 = _____	7 + 7 = _____
7 + 3 = _____	4 + 1 = _____	2 + 1 = _____
5 + 2 = _____	5 + 3 = _____	9 + 2 = _____
10 + 10 = _____	8 + 2 = _____	9 + 9 = _____

Ajouter 1 ou 2 en comptant normalement

Ajoute 1 en comptant normalement.

10 + 1 = _____

Commence par le nombre le plus grand.

Compte 1 de plus.

10   11

Arrête quand tu as montré 1 doigt.

10 + 1 = **11**

Ajoute 2 en comptant normalement.

14 + 2 = _____

Commence par le nombre le plus grand.

Compte 2 de plus.

14   15   16

Arrête quand tu as montré 2 doigts.

14 + 2 = **16**

1. Compte normalement pour additionner.

12 + 1 = _____ 12, _____	7 + 2 = _____ 7, _____, _____
23 + 1 = _____ 23, _____	30 + 2 = _____ 30, _____, _____
41 + 1 = _____ 41, _____	88 + 2 = _____ 88, _____, _____

Ajouter 1 ou 2 en comptant normalement (suite)

2. Compte normalement pour additionner.

29 + 1 = _____ 29, _____	33 + 2 = _____ 33, _____, _____
46 + 1 = _____ 46, _____	54 + 2 = _____ 54, _____, _____
19 + 1 = _____ 19, _____	81 + 2 = _____ 81, _____, _____
9 + 1 = _____ 9, _____	25 + 2 = _____ 25, _____, _____
38 + 1 = _____ 38, _____	0 + 2 = _____ 0, _____, _____
17 + 1 = _____ 17, _____	13 + 2 = _____ 13, _____, _____

Addition de nombres pareils

Écris l'équation.

1.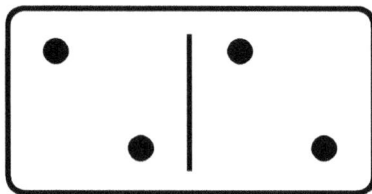

    _____ + _____ = _____

2.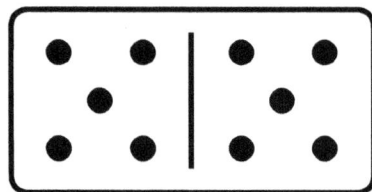

    _____ + _____ = _____

3.

    _____ + _____ = _____

4.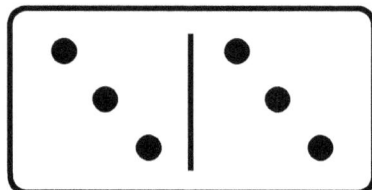

    _____ + _____ = _____

5.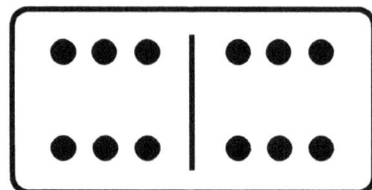

    _____ + _____ = _____

6.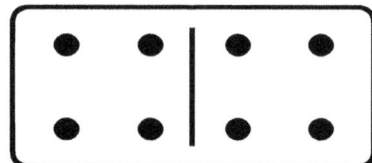

    _____ + _____ = _____

Addition de nombres pareils plus 1

Additionne deux nombres pareils plus 1.

Si 6 + 6 = **12** Alors 6 + 7 = **13**	Si 10 + 10 = ____ Alors ____ + ____ = ____
Si 3 + 3 = ____ Alors ____ + ____ = ____	Si 5 + 5 = ____ Alors ____ + ____ = ____
Si 8 + 8 = ____ Alors ____ + ____ = ____	Si 1 + 1 = ____ Alors ____ + ____ = ____
Si 9 + 9 = ____ Alors ____ + ____ = ____	Si 2 + 2 = ____ Alors ____ + ____ = ____
Si 4 + 4 = ____ Alors ____ + ____ = ____	Si 7 + 7 = ____ Alors ____ + ____ = ____

On peut additionner dans n'importe quel ordre

1. Sers-toi des cadres à 10 cases pour additionner de deux façons. Utilise deux couleurs différentes. Puis écris tes réponses.

$5 + 2 = \underline{7}$

$2 + 5 = \underline{7}$

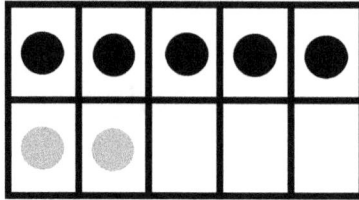

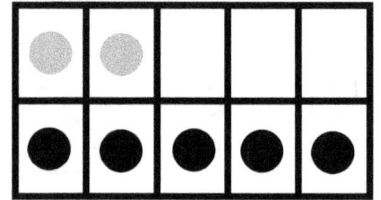

$7 + 3 = \underline{}$

$3 + 7 = \underline{}$

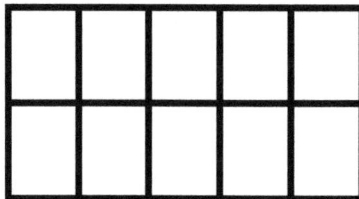

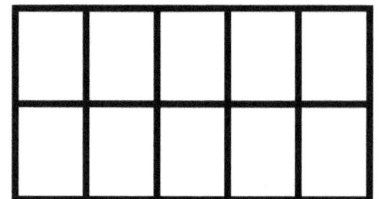

$6 + 4 = \underline{}$

$4 + 6 = \underline{}$

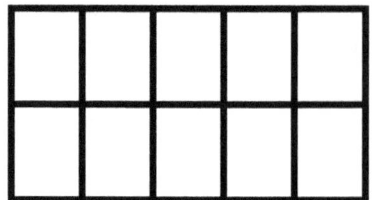

$1 + 9 = \underline{}$

$9 + 1 = \underline{}$

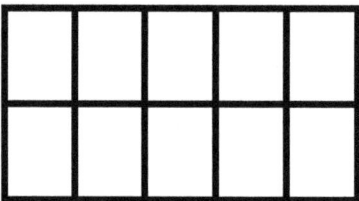

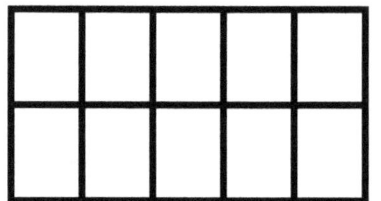

$3 + 5 = \underline{}$

$5 + 3 = \underline{}$

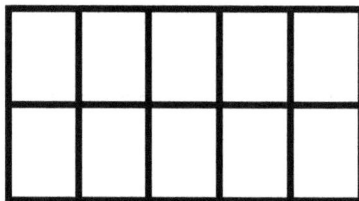

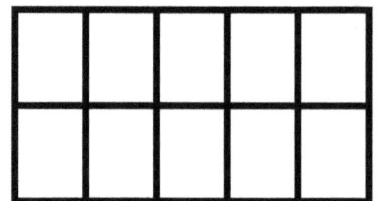

$2 + 8 = \underline{}$

$8 + 2 = \underline{}$

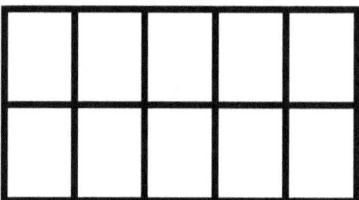

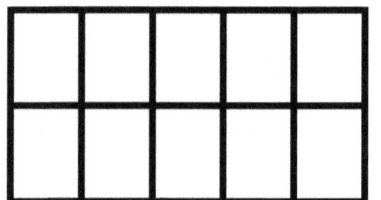

On peut additionner dans n'importe quel ordre (suite)

2. Sers-toi des cadres à 10 cases pour additionner de deux façons. Utilise deux couleurs différentes. Puis écris tes réponses.

$1 + 4 =$ _____

$4 + 1 =$ _____

$7 + 2 =$ _____

$2 + 7 =$ _____

$4 + 3 =$ _____

$3 + 4 =$ _____

$1 + 8 =$ _____

$8 + 1 =$ _____

$2 + 1 =$ _____

$1 + 2 =$ _____

Crée ta propre équation. Utilise des nombres dont la somme est plus petite que 10.

_____ + _____ = _____ + _____

Additions avec une droite numérique

Fais des additions au moyen d'une droite numérique.

$9 + 3 =$ __**12**__

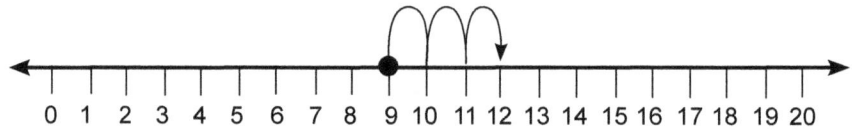

DIS : 10, 11, 12

Mets un point au-dessus du 9.
Compte normalement en traçant 3 bonds.
Arrête au 12.

1. Sers-toi de la droite numérique pour additionner. Mets un point là où tu commences. Puis compte normalement en traçant les bonds. Écris ta réponse.

$9 + 7 =$ ___

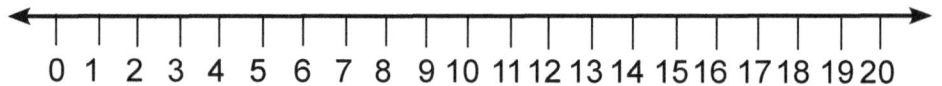

$6 + 12 =$ ___

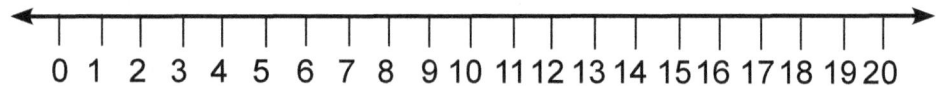

$11 + 4 =$ ___

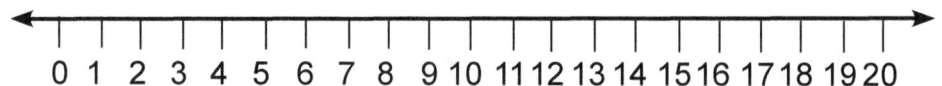

$2 + 15 =$ ___

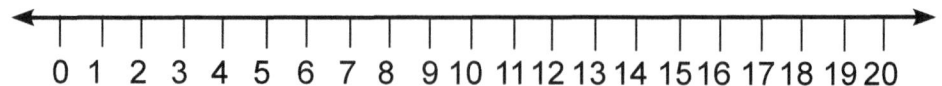

Additions avec une droite numérique (suite)

2. Sers-toi de la droite numérique pour additionner en comptant normalement. Mets un point là où tu commences. Puis trace les bonds. Écris ta réponse.

$21 + 2 = \underline{}$

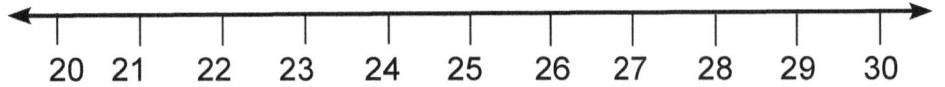

20 21 22 23 24 25 26 27 28 29 30

$24 + 5 = \underline{}$

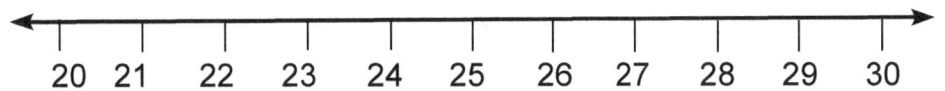

20 21 22 23 24 25 26 27 28 29 30

$32 + 4 = \underline{}$

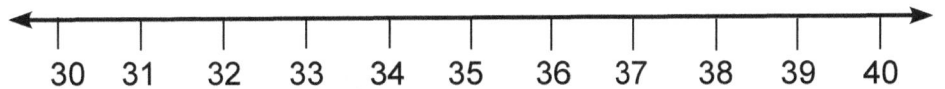

30 31 32 33 34 35 36 37 38 39 40

$46 + 6 = \underline{}$

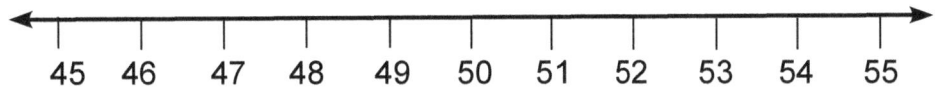

45 46 47 48 49 50 51 52 53 54 55

$70 + 7 = \underline{}$

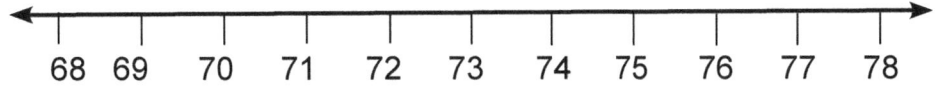

68 69 70 71 72 73 74 75 76 77 78

$63 + 3 = \underline{}$

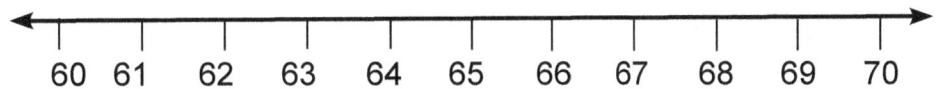

60 61 62 63 64 65 66 67 68 69 70

$49 + 1 = \underline{}$

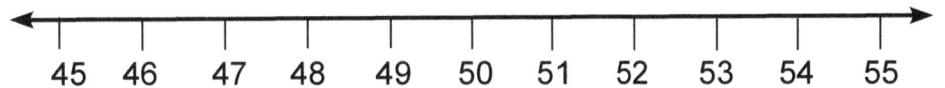

45 46 47 48 49 50 51 52 53 54 55

Faire une dizaine pour additionner

Encercle un groupe de 10 carrés pour t'aider à additionner.

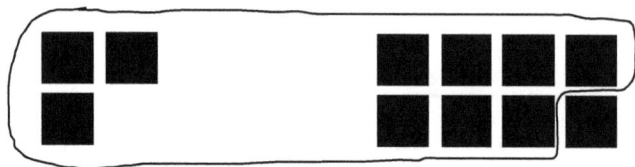

$8 + 3 = 10 + \underline{\textbf{1}} = \underline{\textbf{11}}$

Encercle 10 carrés. Il reste 1 carré. Fais ton addition en l'ajoutant au nombre 10.

$6 + 9 = 10 + \underline{\hspace{1cm}} = \underline{\hspace{1cm}}$

$8 + 8 = 10 + \underline{\hspace{1cm}} = \underline{\hspace{1cm}}$

$7 + 5 = 10 + \underline{\hspace{1cm}} = \underline{\hspace{1cm}}$

$14 + 4 = 10 + \underline{\hspace{1cm}} = \underline{\hspace{1cm}}$

$9 + 9 = 10 + \underline{\hspace{1cm}} = \underline{\hspace{1cm}}$

Équations d'additions

1. Montre trois façons d'arriver au nombre indiqué.
   Colorie chaque rangée de cubes de deux couleurs.

___ + ___ = 8

___ + ___ = 8

___ + ___ = 8

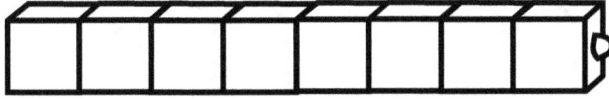
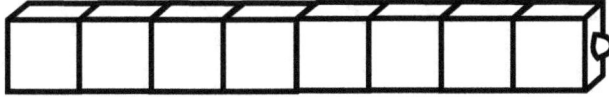
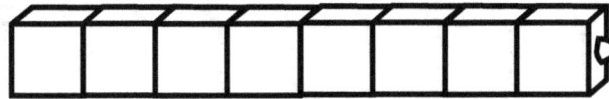

___ + ___ = 11

___ + ___ = 11

___ + ___ = 11

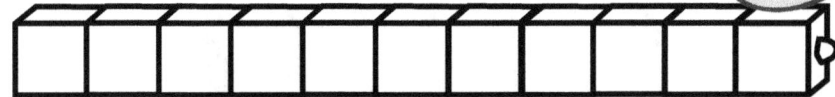
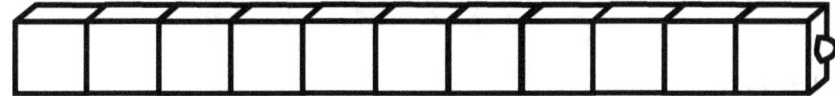
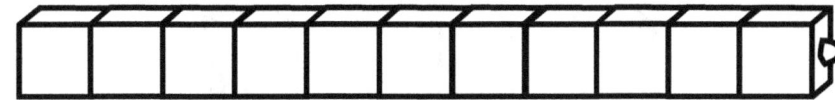

___ + ___ = 9

___ + ___ = 9

___ + ___ = 9

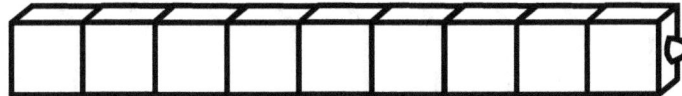
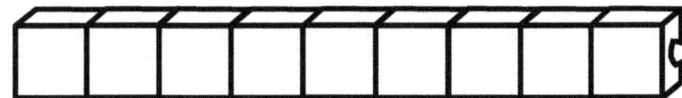

___ + ___ = 13

___ + ___ = 13

___ + ___ = 13

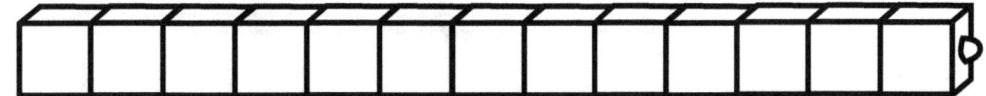

2. Montre trois façons d'arriver au nombre indiqué.
   Colorie chaque rangée de cubes de deux couleurs.

___ + ___ = 12

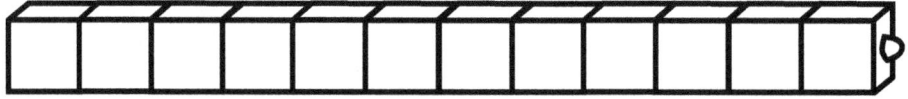

___ + ___ = 12

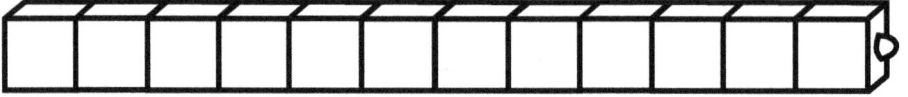

___ + ___ = 12

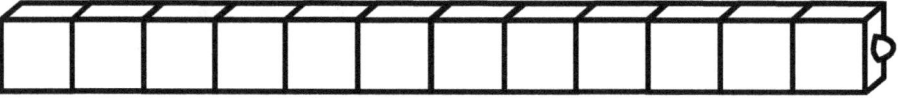

___ + ___ = 6

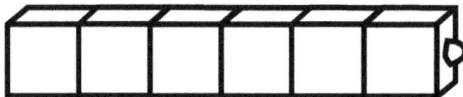

___ + ___ = 6

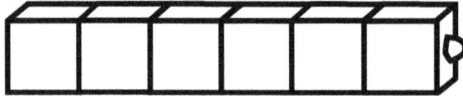

___ + ___ = 6

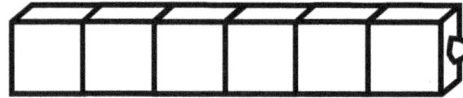

___ + ___ = 10

___ + ___ = 10

___ + ___ = 10

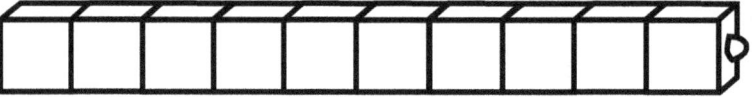

___ + ___ = 14

___ + ___ = 14

___ + ___ = 14

Exercices d'addition

Fais les additions. Sers-toi de jetons ou de la droite numérique, si tu en as besoin.

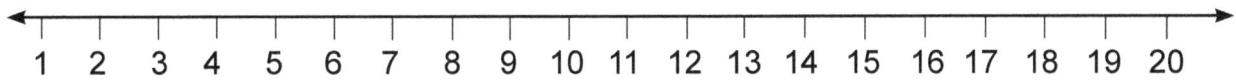

1 2 3 4 5 6 7 8 9 10 11 12 13 14 15 16 17 18 19 20

8	7	12	6	15
+ 6	+ 7	+ 3	+ 6	+ 3

17	11	10	11	4
+ 2	+ 0	+ 3	+ 7	+ 9

8	9	13	13	14
+ 10	+ 8	+ 1	+ 4	+ 3

9	11	9	5	3
+ 5	+ 7	+ 9	+ 13	+ 12

Nombres qui manquent

Trouve le nombre qui manque. Sers-toi de la droite numérique, si tu en as besoin.

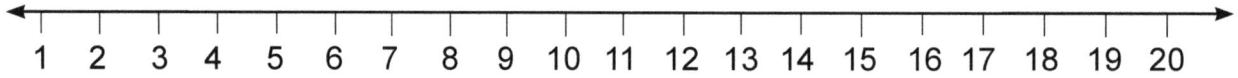

```
◄─┬──┬──┬──┬──┬──┬──┬──┬──┬──┬──┬──┬──┬──┬──┬──┬──┬──┬──┬──┬─►
  1  2  3  4  5  6  7  8  9  10 11 12 13 14 15 16 17 18 19 20
```

3 + ☐ ───── 6	9 + ☐ ───── 18	3 + ☐ ───── 12	☐ + 6 ───── 14	4 + ☐ ───── 15
9 + ☐ ───── 17	☐ + 2 ───── 11	7 + ☐ ───── 12	☐ + 7 ───── 13	6 + ☐ ───── 12
3 + ☐ ───── 5	7 + ☐ ───── 7	☐ + 10 ───── 18	☐ + 9 ───── 14	1 + ☐ ───── 11
☐ + 8 ───── 16	10 + ☐ ───── 20	☐ + 4 ───── 10	2 + ☐ ───── 6	10 + ☐ ───── 15

Devinette d'addition

Trouve la réponse à cette devinette.

Pourquoi l'enseignante porte-t-elle des lunettes de soleil en classe?

4 + 8 = [ ] A

10 + 10 = [ ] B

6 + 3 = [ ] C

5 + 5 = [ ] E

4 + 2 = [ ] I

2 + 2 = [ ] L

2 + 9 = [ ] M

8 + 10 = [ ] N

9 + 6 = [ ] O

8 + 5 = [ ] P

10 + 7 = [ ] Q

7 + 9 = [ ] R

6 + 1 = [ ] S

2 + 6 = [ ] T

7 + 7 = [ ] U

3 + 0 = [ ] V

__ __ __ __ __ | __ __ __ | __ __ __ | __ __ __ __ __ | __ __ __ __
13 12 16 9 10 | 17 14 10 | 7 10 7 | 10 4 10 3 10 7 | 7 15 18 8

__ __ __ __ __ __ __ __ | __ __ __ __ __ __ __ __ __!
3 16 12 6 11 10 18 8 | 20 16 6 4 4 12 18 8 7

Additions sous forme d'histoires

Résous les problèmes.

1. Il y a 6 ⬠ sur la plaque à pizza.

Amélie ajoute 2 ⬠.

Combien y en a-t-il en tout? _____ + _____ = _____

Il y en a _____ en tout.

2. Il y a 8 🐛 sur le sol.

Puis 7 autres 🐛 se joignent à eux.

Combien y en a-t-il en tout? _____ + _____ = _____

Il y en a _____ en tout.

3. Il y a 12 🐦 sur la branche.

Puis 2 autres 🐦 se posent sur la branche.

Combien y en a-t-il en tout? _____ + _____ = _____

Il y en a _____ en tout.

4. Il y a 13 🐸 dans l'étang.

Puis 3 autres 🐸 se joignent à elles.

Combien y en a-t-il en tout? _____ + _____ = _____

Il y en a _____ en tout.

Enlever 1 ou 2 en comptant à rebours

Enlève 1 en comptant à rebours.

$5 - 1 =$ _____

Compte à rebours à partir du premier nombre. Compte à voix haute.

5   4

Arrête quand tu as montré 1 doigt.

$5 - 1 =$ **4**

Enlève 2 en comptant à rebours.

$7 - 2 =$ _____

Compte à rebours à partir du premier nombre. Compte à voix haute.

7   6   5

Arrête quand tu as montré 2 doigts.

$7 - 2 =$ **5**

1. Soustrais en comptant à rebours.

$8 - 1 =$ _____ 8, _____	$9 - 2 =$ _____ 9, _____, _____
$17 - 1 =$ _____ 17, _____	$14 - 2 =$ _____ 14, _____, _____
$15 - 1 =$ _____ 15, _____	$16 - 2 =$ _____ 16, _____, _____
$13 - 1 =$ _____ 13, _____	$19 - 2 =$ _____ 19, _____, _____

2. Compte à rebours pour soustraire.

18 – 1 = _____ 18, _____	11 – 2 = _____ 11, _____, _____
29 – 1 = _____ 29, _____	20 – 2 = _____ 20, _____, _____
12 – 1 = _____ 12, _____	33 – 2 = _____ 33, _____, _____
44 – 1 = _____ 44, _____	25 – 2 = _____ 25, _____, _____
66 – 1 = _____ 66, _____	58 – 2 = _____ 58, _____, _____
52 – 1 = _____ 52, _____	42 – 2 = _____ 42, _____, _____
61 – 1 = _____ 61, _____	87 – 2 = _____ 87, _____, _____

Trouver les différences tout en s'amusant

1. Sers-toi de la légende pour colorier l'image.

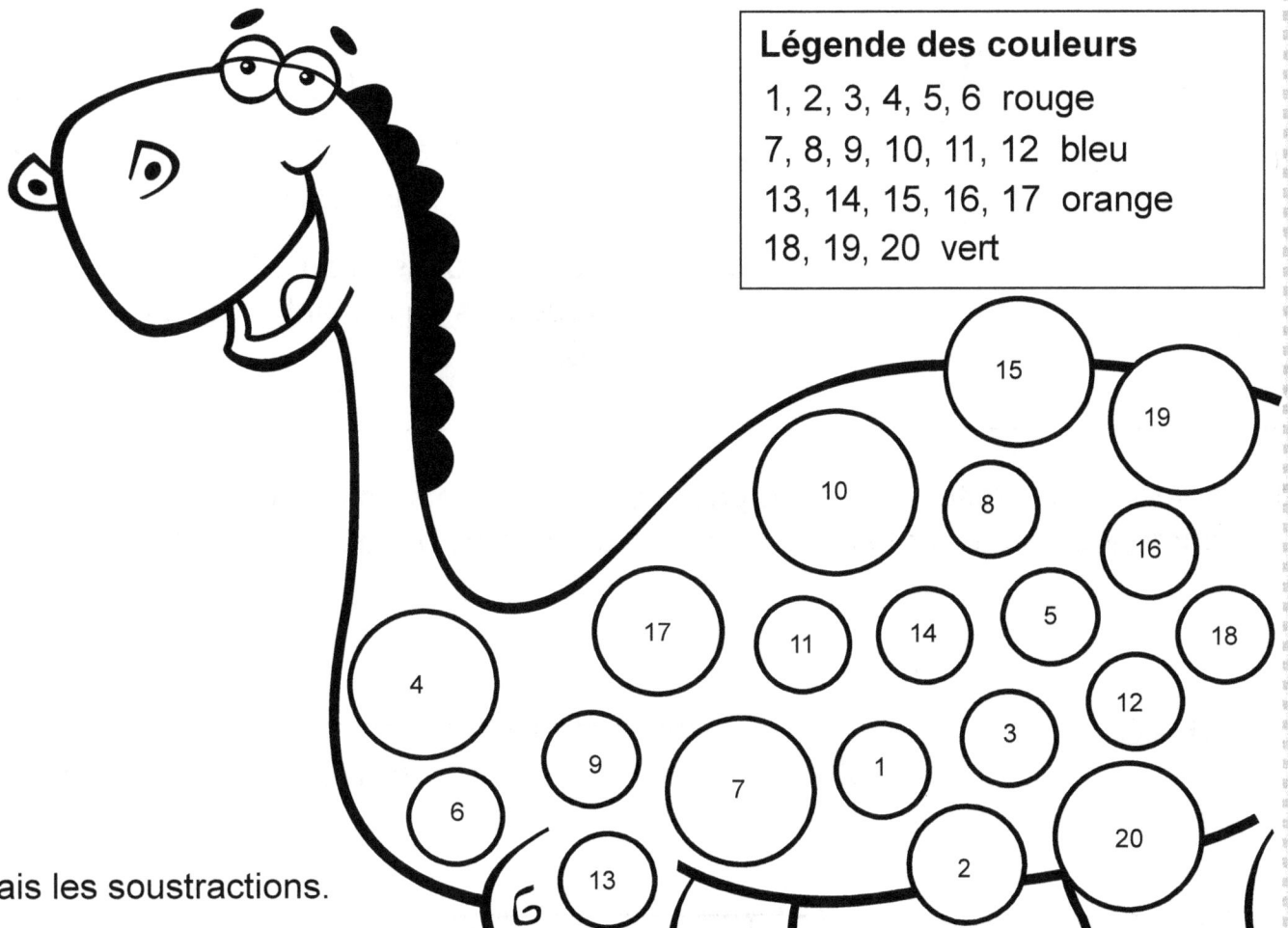

Légende des couleurs

1, 2, 3, 4, 5, 6 rouge

7, 8, 9, 10, 11, 12 bleu

13, 14, 15, 16, 17 orange

18, 19, 20 vert

2. Fais les soustractions.

10 – 4 = _____	3 – 0 = _____	14 – 5 = _____
8 – 5 = _____	15 – 7 = _____	17 – 9 = _____
6 – 3 = _____	9 – 2 = _____	12 – 6 = _____
2 – 1 = _____	16 – 8 = _____	7 – 1 = _____
13 – 7 = _____	5 – 4 = _____	18 – 9 = _____
10 – 10 = _____	11 – 3 = _____	4 – 1 = _____

Soustractions avec une droite numérique

Fais des soustractions au moyen d'une droite numérique.

12 − 3 = **9**

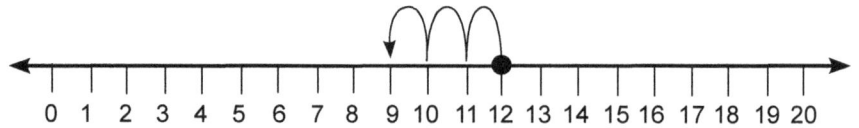

DIS : 11, 10, 9

Mets un point au-dessus du 12.
Compte à rebours en traçant 3 bonds.
Arrête au 9.

---

1. Sers-toi de la droite numérique pour soustraire. Mets un point là où tu commences. Puis compte à rebours en traçant les bonds. Écris ta réponse.

19 − 6 = _____

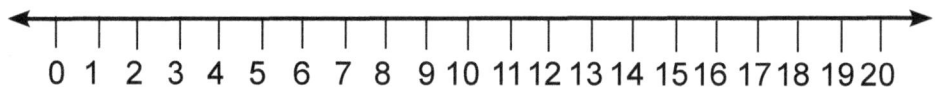

16 − 3 = _____

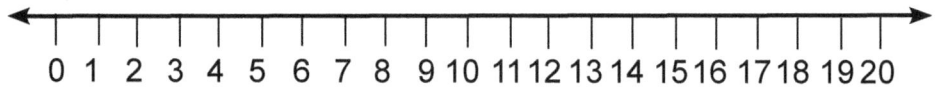

14 − 4 = _____

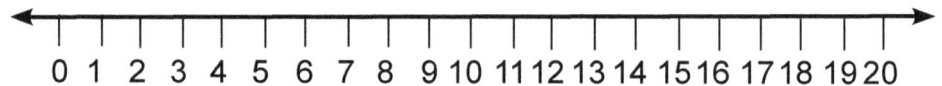

17 − 1 = _____

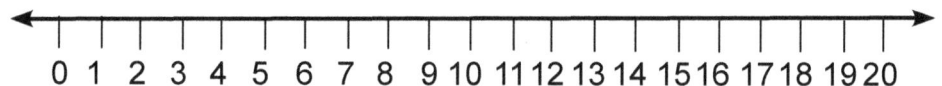

2. Sers-toi de la droite numérique pour soustraire. Mets un point là où tu commences. Puis compte à rebours en traçant les bonds. Écris ta réponse.

24 – 2 = _____

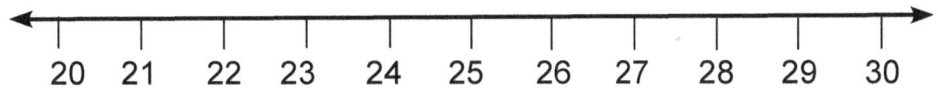

33 – 3 = _____

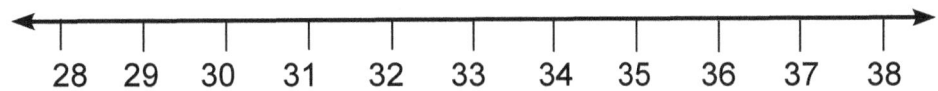

46 – 3 = _____

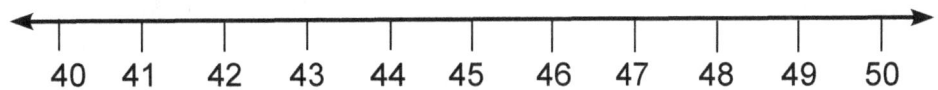

55 – 4 = _____

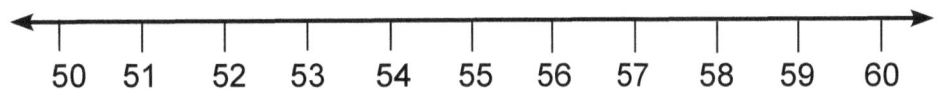

22 – 5 = _____

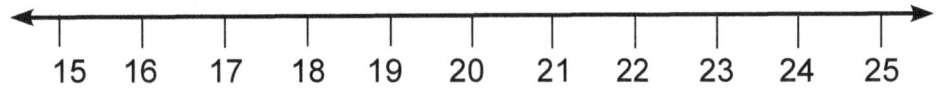

31 – 7 = _____

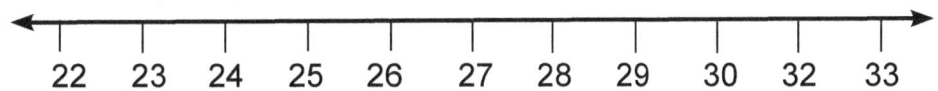

62 – 8 = _____

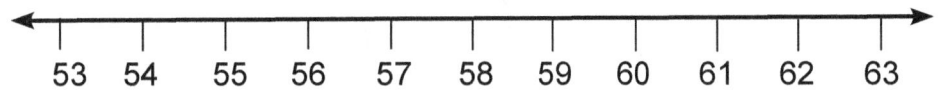

Équations de soustractions

1. Barre les cubes que tu veux enlever. Colorie les cubes qui restent. Complète l'équation de soustraction.

4 – ___ = ___

4 – ___ = ___

4 – ___ = ___

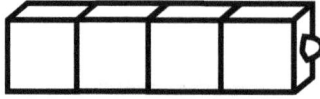
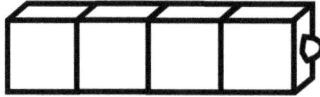
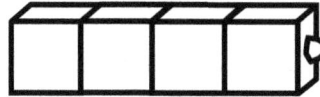

6 – ___ = ___

6 – ___ = ___

6 – ___ = ___

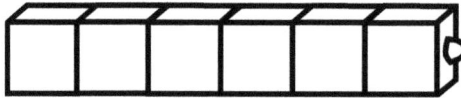
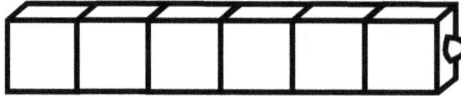

9 – ___ = ___

9 – ___ = ___

9 – ___ = ___

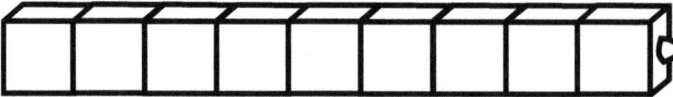
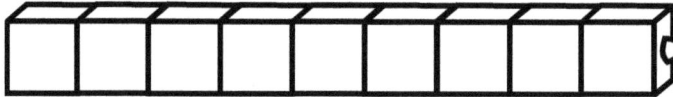

10 – ___ = ___

10 – ___ = ___

10 – ___ = ___

Équations de soustractions (suite)

2. Barre les cubes que tu veux enlever. Colorie les cubes qui restent. Complète l'équation de soustraction.

8 – ___ = ___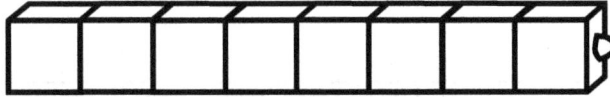

8 – ___ = ___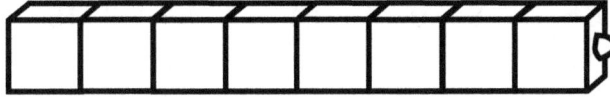

8 – ___ = ___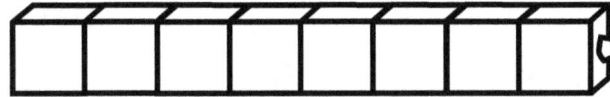

5 – ___ = ___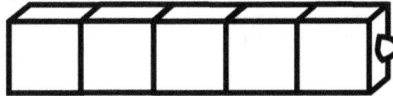

5 – ___ = ___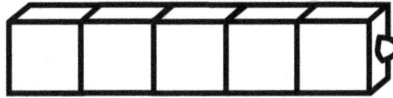

5 – ___ = ___

12 – ___ = ___

12 – ___ = ___

12 – ___ = ___

7 – ___ = ___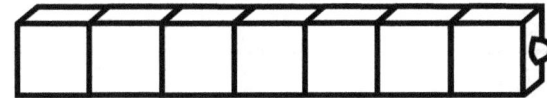

7 – ___ = ___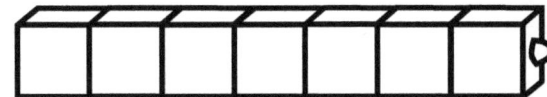

7 – ___ = ___

Exercices de soustraction

1. Fais les soustractions. Sers-toi de la droite numérique, si tu en as besoin.

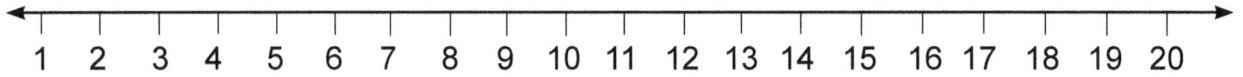

$$\longleftrightarrow \quad 1 \quad 2 \quad 3 \quad 4 \quad 5 \quad 6 \quad 7 \quad 8 \quad 9 \quad 10 \quad 11 \quad 12 \quad 13 \quad 14 \quad 15 \quad 16 \quad 17 \quad 18 \quad 19 \quad 20 \longrightarrow$$

7 − 3	6 − 2	5 − 5	4 − 0	8 − 3
14 − 1	11 − 3	14 − 8	16 − 9	10 − 2
15 − 6	7 − 0	18 − 8	13 − 6	5 − 4
12 − 6	8 − 2	16 − 8	9 − 2	11 − 9

Exercices de soustraction (suite)

2. Trouve la différence.

13 − 7	12 − 8	2 − 1	8 − 0	11 − 4
17 − 10	9 − 3	16 − 2	18 − 9	10 − 10
9 − 4	11 − 8	6 − 3	15 − 7	10 − 9
4 − 3	11 − 2	3 − 2	16 − 10	7 − 7

RÉFLÉCHIS BIEN

12 − 4 − 3 = _____   18 − 9 − 5 = _____

14 − 8 − 2 = _____   17 − 2 − 6 = _____

Nombres qui manquent

Trouve le nombre qui manque dans chaque soustraction. Sers-toi de la droite numérique, si tu en as besoin.

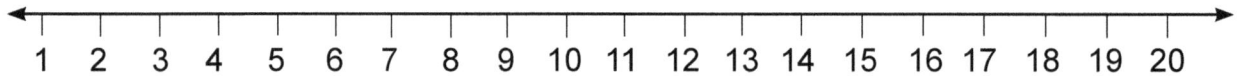

1 2 3 4 5 6 7 8 9 10 11 12 13 14 15 16 17 18 19 20

☐ − 2 = 5	1 − ☐ = 1	5 − ☐ = 2	☐ − 7 = 8	9 − ☐ = 6
13 − ☐ = 4	17 − ☐ = 9	☐ − 10 = 20	☐ − 9 = 6	8 − ☐ = 5
☐ − 10 = 7	3 − ☐ = 2	☐ − 4 = 10	12 − ☐ = 6	10 − ☐ = 5

Devinette de soustraction

Trouve la réponse à cette devinette.

Avec quelle sorte d'arc n'a-t-on pas besoin de flèches?

7 – 6 = ☐ I

13 – 7 = ☐ L

7 – 4 = ☐ A

10 – 8 = ☐ N

6 – 1 = ☐ C

8 – 4 = ☐ E

16 – 8 = ☐ R

9 – 2 = ☐ U

__ __ | __ __ __ -- __ __ -- __ __ __ __ !

7   2   3   8   5   4   2   5   1   4   6

RÉFLÉCHIS BIEN

Relie chaque nombre en lettres au nombre en chiffres.

seize •   • 19

douze •   • 16

dix-neuf •   • 12

Soustractions sous forme d'histoires

Résous les problèmes.

1. Il y a 7 ⬦ sur la plaque à pizza.

   Amélie mange 2 ⬦ .

   Combien en reste-t-il? _____ – _____ = _____

   Il en reste _____ .

2. Il y a 10 🪱 sur le sol.

   Puis 3 🪱 partent.

   Combien en reste-t-il? _____ – _____ = _____

   Il en reste _____ .

3. Il y a 12 🐦 sur la branche.

   Puis 3 🐦 s'envolent.

   Combien en reste-t-il? _____ – _____ = _____

   Il en reste _____ .

4. Il y a 15 🐸 dans l'étang.

   Puis 5 🐸 partent en sautant.

   Combien en reste-t-il? _____ – _____ = _____

   Il en reste _____ .

Problèmes à résoudre

Écris une addition ou une soustraction pour résoudre chaque problème.

1. Hugo avait 11 boîtes de crayons.
   Il en a donné 5 à ses amis. Combien
   de boîtes de crayons lui reste-t-il?

   _____ ☐ _____ = _____

2. Rosa avait 12 biscuits. Elle en a donné
   8 à sa sœur. Combien de biscuits
   lui reste-t-il?

   _____ ☐ _____ = _____

3. Ève achète 6 marguerites et 9 tulipes.
   Combien de fleurs a-t-elle en tout?

   _____ ☐ _____ = _____

4. Nicole avait 18 bonbons. Elle a donné
   8 bonbons à Sam. Combien de bonbons
   lui reste-t-il?

   _____ ☐ _____ = _____

5. Luc avait 12 gommes à mâcher. Il en
   a donné 5 à Sara. Combien de gommes
   lui reste-t-il?

   _____ ☐ _____ = _____

6. Joëlle a 3 chats et 7 hamsters. Combien
   d'animaux a-t-elle en tout?

   _____ ☐ _____ = _____

7. Alex avait 14 cartes de baseball. Il en a
   donné 4 à Kim. Combien lui en reste-t-il?

   _____ ☐ _____ = _____

Additions et soustractions

Sers-toi de la droite numérique pour trouver la somme ou la différence.

Tu peux trouver la somme de deux nombres en comptant normalement.
14 + 5 = 19   Compte : 14, 15, 16, 17, 18, 19

Tu peux trouver la différence entre deux nombres en comptant à rebours.
29 − 4 = 25   Compte : 29, 28, 27, 26, 25

26 + 3 =

17 + 2 =

16 − 5 =

27 − 5 =

18 + 9 =

18 + 2 =

16 − 3 =

29 − 8 =

22 + 6 =

16 + 5 =

30 − 5 =

19 − 1 =

18 + 7 =

15 + 7 =

11 − 4 =

28 − 9 =

2 + 25 =

13 − 7 =

Nombres ordinaux jusqu'à 10

1. Écris les nombres ordinaux. Conseil : La partie **soulignée** peut t'aider.

premi**er**/ premi**re** _____1^{er}/1^{re}_____ deuxièm**e** _____ troisièm**e** _____

quatrièm**e** _____ cinquièm**e** _____ sixièm**e** _____

septièm**e** _____ huitièm**e** _____ neuvièm**e** _____

2. Encercle les 4 premiers carrés. Barre le dernier carré. Colorie le sixième carré.

☐ ☐ ☐ ☐ ☐ ☐ ☐

3. Réponds aux questions.

Lequel est le 2e animal dans la rangée? _____

Quel animal est entre le 3e et le 5e animal? _____

Lequel est le 6e animal dans la rangée? _____

RÉFLÉCHIS BIEN

Fais un X sur le deuxième oiseau. Encercle le quatrième.

Additions de dizaines et d'unités

Fais des additions avec des dizaines et des unités.

___3___ dizaines ___5___ unités

23 + 12 = ___35___

___ dizaines ___ unités

14 + 25 = ___

___ dizaines ___ unités

11 + 12 = ___

___ dizaines ___ unités

32 + 14 = ___

___ dizaines ___ unités

43 + 16 = ___

Décomposer pour former une dizaine

$9 + 5 =$ ___

$9 + 5 = 10 + 4 = 14$

Je sais que $9 + 1 = 10$, alors je décompose 5 pour obtenir 1 et 4.

Puis je dois ajouter 4. La somme est 14.

1. Fais une addition au moyen d'une dizaine.

$8 + 6 = 10 +$ ___ $=$ ___

2. Dessine un modèle. Fais l'addition au moyen d'une dizaine.

$7 + 8 = 10 +$ ___ $=$ ___

$6 + 9 = 10 +$ ___ $=$ ___

$9 + 7 = 10 +$ ___ $=$ ___

3. Dessine un modèle. Fais l'addition au moyen d'une dizaine.

$4 + 9 = 10 +$ ___ $=$ ___

$8 + 7 = 10 +$ ___ $=$ ___

$3 + 9 = 10 +$ ___ $=$ ___

$8 + 8 = 10 +$ ___ $=$ ___

$5 + 7 = 10 +$ ___ $=$ ___

Additions sans regroupement

Aligne les unités et les dizaines.

Additionne d'abord les unités.

dizaines	unités
2	3
+ 4	5
	8

Puis additionne les dizaines.

dizaines	unités
2	3
+ 4	5
6	8

1. Utilise un tableau de valeur de position pour t'aider à additionner. Surligne la colonne des unités en jaune. Surligne la colonne des dizaines en orange.

```
  5│4      2│2      7│1      3│5      4│4
+ 3│1    + 1│5    + 2│7    + 6│2    + 3│0
  ─┼─      ─┼─      ─┼─      ─┼─      ─┼─


  1│2      7│6      6│2      8│4      3│3
+ 5│0    + 1│2    + 2│3    + 1│1    + 1│3
  ─┼─      ─┼─      ─┼─      ─┼─      ─┼─


  5│4      3│1      5│3      6│2      1│4
+ 3│3    + 2│6    + 1│1    + 3│7    + 3│0
  ─┼─      ─┼─      ─┼─      ─┼─      ─┼─


  8│2      1│2      3│4      2│0      5│2
+ 1│5    + 4│0    + 1│4    + 1│3    + 4│3
  ─┼─      ─┼─      ─┼─      ─┼─      ─┼─
```

Additions sans regroupement (suite)

2. Utilise un tableau de valeur de position pour t'aider à additionner.

8 3 + 1 4	1 3 + 4 3	3 5 + 1 3	2 1 + 3 2	5 3 + 4 6
5 5 + 3 0	2 3 + 2 5	7 2 + 2 6	1 6 + 6 0	4 5 + 3 2
1 3 + 5 0	7 7 + 1 1	6 3 + 1 3	8 5 + 1 4	3 4 + 1 5
5 5 + 2 3	3 2 + 2 2	5 4 + 1 2	4 3 + 3 6	1 5 + 3 3
7 2 + 2 5	2 4 + 3 2	4 5 + 1 3	1 1 + 5 5	8 2 + 1 6

Devinette d'addition

Trouve la réponse à la devinette.

Pourquoi le chien a-t-il fait « miaou »?

62 **I** +35	32 **R** +10

| 18 **W** +60 | 81 **L** +11 |

| 12 **P** +13 | 71 **T** +14 |

| 52 **V** +21 | 31 **U** +34 |

| 21 **G** +11 | 31 **X** +40 |

| 43 **E** +41 | 43 **O** +31 |

| 44 **A** +22 | 45 **B** +51 |

| 32 **D** +27 | 21 **N** +32 |

Attention! Certaines des lettres ne figurent pas dans la réponse.

___ ___ | ___ ___ ___ ___   ___ ___ ___ | ___ ___ ___ |
97 92 | 66 25 25 42   84 53 59 | 65 53 84 |

___ ___ ___   ___ ___ ___ ___ ___ | ___   ___ ___ ___ ___ ___ ___!
53 74 65   73 84 92 92 84 | 92   66 53 32 65 84

Additions avec regroupement

Aligne les unités et les dizaines.
Additionne les unités.
S'il y a plus de 9 unités, regroupe 10 unités pour former 1 dizaine.
Ajoute la dizaine à la colonne des dizaines.
Écris le nombre d'unités. Écris le nombre de dizaines.

dizaines	unités
$^{1}2$	6
+ 2	6
5	2

Regroupe 10 des 12 unités pour former une dizaine.
Ajoute la dizaine à la colonne des dizaines en y écrivant 1.

1. Utilise un tableau de valeur de position pour t'aider à additionner. Surligne la colonne des unités en jaune. Surligne la colonne des dizaines en orange.

6 4	2 2	6 5	3 9	4 4
+ 1 8	+ 1 9	+ 2 7	+ 2 2	+ 3 8

1 2	7 6	6 4	2 9	3 6
+ 5 8	+ 1 4	+ 1 7	+ 3 3	+ 3 6

5 4	3 5	2 5	6 2	1 7
+ 1 7	+ 2 6	+ 2 5	+ 3 8	+ 2 7

Additions avec regroupement (suite)

2. Utilise un tableau de valeur de position pour t'aider à additionner.

1 7 + 5 5	7 8 + 1 9	6 4 + 1 6	5 7 + 1 4	3 5 + 1 9
5 6 + 3 8	2 4 + 2 6	4 3 + 2 9	2 7 + 6 4	4 8 + 3 8
4 7 + 1 9	1 7 + 4 8	3 4 + 1 9	3 9 + 3 1	5 5 + 2 6
5 9 + 2 3	3 7 + 2 8	5 7 + 1 6	6 4 + 2 7	1 6 + 3 8

Soustractions sans regroupement

Aligne les unités et les dizaines.

Soustrais d'abord les unités. Puis soustrais les dizaines.

dizaines	unités
8	7
− 4	4
	3

dizaines	unités
8	7
− 4	4
4	3

1. Utilise un tableau de valeur de position pour t'aider à soustraire. Surligne la colonne des unités en jaune. Surligne la colonne des dizaines en orange.

5	8
− 1	1

8	7
− 4	3

2	9
− 1	3

7	4
− 3	0

3	3
− 1	2

7	8
− 2	3

9	6
− 3	2

8	4
− 7	2

6	7
− 2	3

8	5
− 1	4

4	9
− 2	7

6	7
− 4	1

2	5
− 1	5

4	6
− 3	5

3	6
− 1	6

8	6
− 3	1

4	3
− 4	1

9	8
− 2	3

7	2
− 2	1

3	3
− 3	0

Soustractions sans regroupement (suite)

2. Utilise un tableau de valeur de position pour t'aider à soustraire.

4 8 − 3 6	6 7 − 4 0	2 4 − 1 1	4 5 − 3 4	3 6 − 1 2
8 9 − 3 2	4 2 − 4 1	9 8 − 2 5	7 6 − 3 4	4 5 − 2 0
5 7 − 1 2	7 7 − 4 3	2 8 − 1 4	7 3 − 6 0	3 9 − 2 3
7 7 − 2 5	9 5 − 3 1	8 3 − 7 3	6 5 − 5 0	8 5 − 2 2

RÉFLÉCHIS BIEN

Sers-toi de cubes d'unités et de dizaines pour faire cette soustraction : 38 - 23.

Association soustraction/réponse

Relie la soustraction à sa réponse.

$$\begin{array}{r} 45 \\ -\ 31 \\ \hline \end{array}$$ •

• 67

$$\begin{array}{r} 96 \\ -\ 52 \\ \hline \end{array}$$ •

• 3

$$\begin{array}{r} 97 \\ -\ 30 \\ \hline \end{array}$$ •

• 31

$$\begin{array}{r} 28 \\ -\ 12 \\ \hline \end{array}$$ •

• 22

$$\begin{array}{r} 73 \\ -\ 22 \\ \hline \end{array}$$ •

• 16

$$\begin{array}{r} 38 \\ -\ 35 \\ \hline \end{array}$$ •

• 14

$$\begin{array}{r} 79 \\ -\ 48 \\ \hline \end{array}$$ •

• 44

$$\begin{array}{r} 84 \\ -\ 62 \\ \hline \end{array}$$ •

• 51

Simplifier un problème

1. Simplifie le problème avec une dizaine. Puis fais la soustraction.

---

12 – 9 =

12 – 9 = **13** – 10 = **3**
Je sais que 9 + 1 = 10.
Alors j'ajoute 1 à chaque nombre.
Puis je soustrais.

---

14 – 8 =

14 – 8 = ___ – 10 = ___

Ajoute 2 à chaque nombre.

---

13 – 9 =

13 – 9 = ___ – 10 = ___

Ajoute ___ à chaque nombre.

---

15 – 7 =

15 – 7 = ___ – 10 = ___

Ajoute ___ à chaque nombre.

---

16 – 7 =

16 – 7 = ___ – 10 = ___

Ajoute ___ à chaque nombre.

---

17 – 6 =

17 – 6 = ___ – ___ = ___

Ajoute ___ à chaque nombre.

---

19 – 6 =

19 – 6 = ___ – 10 = ___

Ajoute ___ à chaque nombre.

---

18 – 7 =

18 – 7 = ___ – ___ = ___

Ajoute ___ à chaque nombre.

Simplifier un problème (suite)

2. Simplifie le problème avec des dizaines. Puis fais la soustraction.

23 – 18 =

23 – 18 = **25** – 20 = **5**
Je sais que 18 + 2 = 20.
Alors j'ajoute 2 à chaque nombre.
Puis je soustrais.

34 – 19 =

34 – 19 = ___ – 20 = ___

Ajoute 1 à chaque nombre.

22 – 16 =

22 – 16 = ___ – 20 = ___

Ajoute ___ à chaque nombre.

29 – 17 =

29 – 17 = ___ – ___ = ___

Ajoute ___ à chaque nombre.

28 – 19 =

28 – 19 = ___ – 20 = ___

Ajoute ___ à chaque nombre.

42 – 18 =

42 – 18 = ___ – ___ = ___

Ajoute ___ à chaque nombre.

31 – 16 =

31 – 16 = ___ – 20 = ___

Ajoute ___ à chaque nombre.

34 – 19 =

34 – 19 = ___ – ___ = ___

Ajoute ___ à chaque nombre.

Soustractions avec regroupement

Aligne les unités et les dizaines.
Soustrais les unités.
Emprunte 1 des dizaines pour obtenir 10 unités à ajouter
à la colonne des unités.
Écris le nombre d'unités. Écris le nombre de dizaines.

	dizaines	unités
	3	1
	4	2
−	3	9
		3

Tu ne peux pas soustraire 9 de 2. Alors emprunte 1 dizaine
de la colonne des dizaines pour obtenir 10 unités. Tu as maintenant 12 unités.

1. Utilise un tableau de valeur de position pour t'aider à soustraire. Surligne la colonne
des unités en jaune. Surligne la colonne des dizaines en orange.

6	1		7	3		6	1		4	2		2	4
− 2	5		− 1	6		− 2	4		− 3	3		− 1	7

3	5		5	2		7	1		6	3		3	1
− 1	8		− 2	5		− 5	4		− 2	7		− 1	2

5	4		8	3		9	2		7	1		4	0
− 4	6		− 2	6		− 7	5		− 1	3		− 2	9

Soustractions avec regroupement (suite)

2. Utilise un tableau de valeur de position pour t'aider à soustraire.
   Tu devras faire un regroupement.

3 4	5 1	7 0	6 2	3 0
− 2 7	− 3 3	− 5 4	− 1 6	− 1 1

5 2	6 7	4 1	9 2	4 2
− 3 9	− 4 8	− 3 4	− 5 6	− 2 4

5 3	8 2	9 1	8 0	3 7
− 4 5	− 3 7	− 7 6	− 1 9	− 1 8

6 0	7 2	5 0	4 1	3 1
− 2 4	− 2 5	− 2 3	− 3 2	− 1 6

Devinette de soustraction

Trouve la réponse à la devinette.

Quand un ordinateur fait-il « couic »?

40 − 33 **E**	31 − 19 **Q**	54 − 25 **H**	77 − 39 **N**
96 **U** − 38	95 **W** − 79	51 **O** − 38	62 **D** − 15
91 **S** − 22	24 **L** − 19	73 **M** − 29	44 **I** − 19
84 **R** − 48	63 **C** − 28	72 **Z** − 58	56 **A** − 48

Attention! Certaines des lettres ne figurent pas dans la réponse.

___ ___ ___ ___ ___ | ___ ___ ___ ___ ___ ___ ___ ' ___ ___ |
12 58 8 38 47   12 58 7 5 12 58 58 38

___ ___ ___ ___ ___ ___ | ___ ___ ___ | ___ ___ | ___ ___ ___ ___ ___ ___ !
44 8 36 35 29 7   69 58 36   69 8   69 13 58 36 25 69

Problèmes à résoudre

Décide si tu dois faire une addition ou une soustraction. Souligne les mots qui t'aident à décider. Puis résous le problème. Écris l'équation. Encercle **Addition** ou **Soustraction**

1. Paul a 23 billes bleues et 39 billes rouges.
   Combien de billes a-t-il en tout?

   Addition

   Il a _____ billes.

   Soustraction

2. Il y a 41 oiseaux dans l'arbre. Puis 23 oiseaux
   s'envolent. Combien d'oiseaux reste-t-il?

   Addition

   Il reste __ oiseaux.

   Soustraction

3. Il y avait 82 bonbons dans le pot. Marc en
   a mangé 36. Combien de bonbons reste-t-il?

   Addition

   Il reste __ bonbons.

   Soustraction

4. Chloé a 38 boutons verts et 28 boutons bleus.
   Combien de boutons a-t-elle en tout?

   Addition

   Elle a __ boutons en tout.

   Soustraction

Initiation à la multiplication

1. Écris l'équation d'addition et l'équation de multiplication.

Regarde les groupes de 3.

Équation d'addition	Équation de multiplication
Il y a 3 groupes égaux.	Il y a 3 groupes de 3.
3 + 3 + 3 = **9**	3 × 3 = **9**

6 + 6 = _____   2 × 6 = _____

2 + 2 + 2 = _____   3 × 2 = _____

10 + 10 =   2 × 10 = _____

3 + 3 + 3 + 3 = _____   4 × 3 = _____

7 + 7 = _____   2 × 7 = _____

8 + 8 = _____   2 × 8 = _____

Initiation à la multiplication (suite)

2. Écris l'équation d'addition et l'équation de multiplication.

___ + ___ + ___ = ___   ___ × ___ = ___

___ + ___ = ___   ___ × ___ = ___

___ + ___ = ___   ___ × ___ = ___

___ + ___ + ___ + ___ = ___   ___ × ___ = ___

___ + ___ = ___   ___ × ___ = ___

___ + ___ + ___ + ___ = ___   ___ × ___ = ___

___ + ___ + ___ = ___   ___ × ___ = ___

___ + ___ = ___   ___ × ___ = ___

___ + ___ + ___ + ___ + ___ = ___   ___ × ___ = ___

Compter par intervalles

Trouve les nombres qui manquent.

1. Compte par intervalles de 2.

Il y a _____ groupes de deux créatures.   Il y a _____ créatures en tout.

2. Compte par intervalles de 5.

Il y a _____ groupes de cinq créatures.   Il y a _____ créatures en tout.

3. Compte par intervalles de 10.

Il y a _____ groupes de dix créatures.   Il y a _____ créatures en tout.

Fractions : parties égales

Il y a deux parties égales.
Chaque partie est un demi.

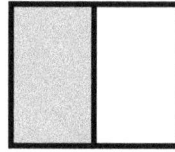

$\frac{1}{2}$ signifie que 1 des 2 parties égales est coloriée.

Laquelle des figures comporte deux parties égales? Colorie un demi.

1.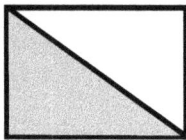

2.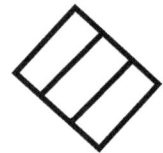

3.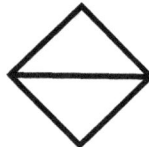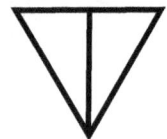

4.

5.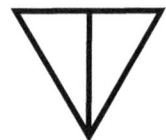

6.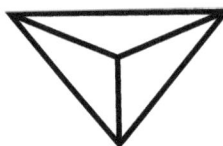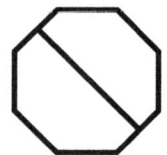

Exploration des fractions

Il y a 3 parties égales.

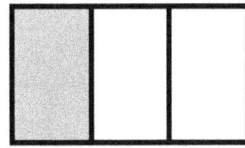

$\frac{1}{3}$ signifie que 1 des 3 parties égales est coloriée.

1. Quelle fraction est coloriée? Encercle la bonne réponse.

$\frac{1}{2}$ $\frac{1}{3}$ $\frac{1}{4}$

$\frac{1}{2}$ $\frac{1}{3}$ $\frac{1}{4}$

$\frac{1}{2}$ $\frac{1}{3}$ $\frac{1}{4}$

$\frac{1}{2}$ $\frac{1}{3}$ $\frac{1}{4}$

$\frac{1}{2}$ $\frac{1}{3}$ $\frac{1}{4}$

$\frac{1}{2}$ $\frac{1}{3}$ $\frac{1}{4}$

$\frac{1}{2}$ $\frac{1}{3}$ $\frac{1}{4}$

$\frac{1}{2}$ $\frac{1}{3}$ $\frac{1}{4}$

$\frac{1}{2}$ $\frac{1}{3}$ $\frac{1}{4}$

$\frac{1}{2}$ $\frac{1}{3}$ $\frac{1}{4}$

$\frac{1}{2}$ $\frac{1}{3}$ $\frac{1}{4}$

$\frac{1}{2}$ $\frac{1}{3}$ $\frac{1}{4}$

Exploration des fractions (suite)

2. Quelle fraction est coloriée? Écris la fraction.

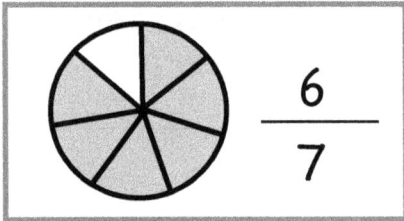

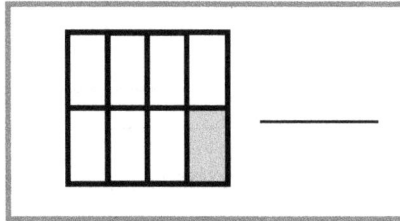

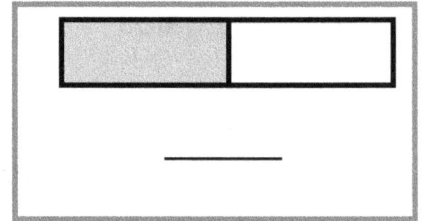

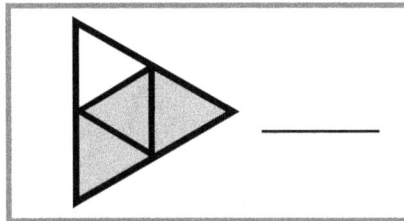

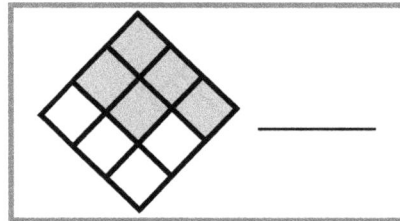

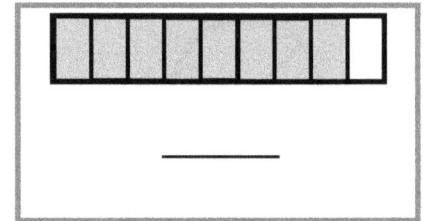

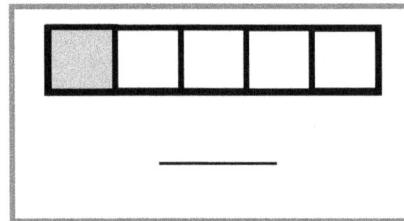

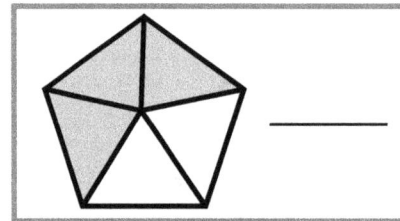

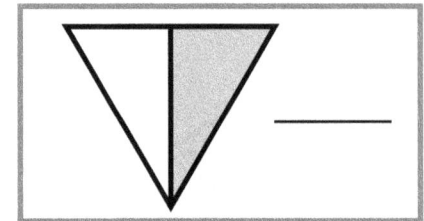

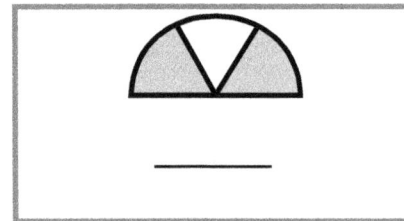

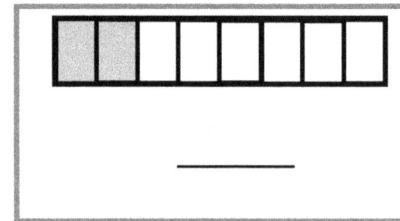

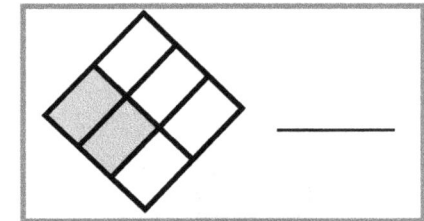

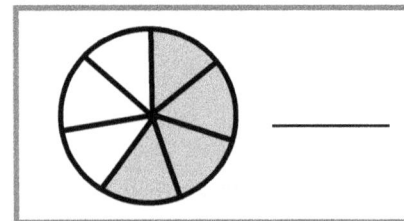

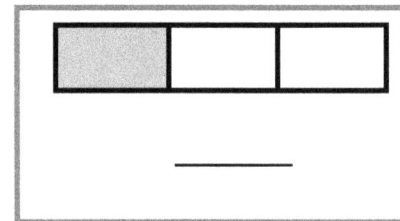

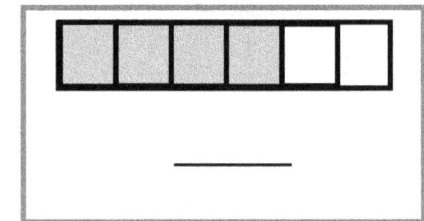

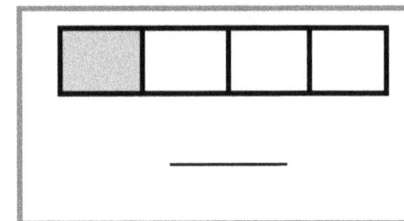

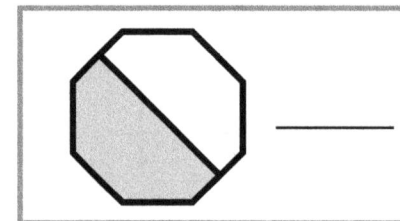

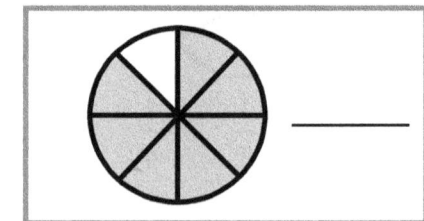

$\dfrac{6}{7}$ _____

_____

_____

_____

_____

_____

_____

_____

_____

_____

_____

_____

_____

_____

_____

_____

_____

Des fractions en couleurs

Colorie les fractions.

Colorie $\frac{1}{4}$ en bleu.

Colorie $\frac{1}{4}$ en vert.

Colorie $\frac{1}{4}$ en rouge.

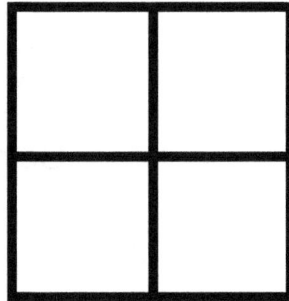

Colorie $\frac{1}{4}$ en jaune.

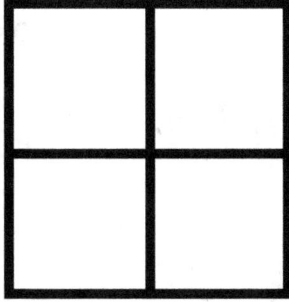

Colorie $\frac{1}{2}$ en bleu.

Colorie $\frac{1}{2}$ en vert.

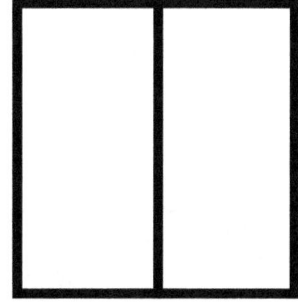

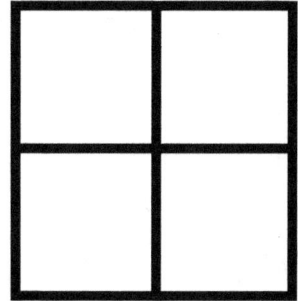

Colorie $\frac{1}{4}$ en bleu.

Colorie $\frac{1}{4}$ en vert.

Colorie $\frac{1}{4}$ en rouge.

Colorie $\frac{1}{2}$ en bleu.

Colorie $\frac{1}{2}$ en vert.

Colorie $\frac{1}{3}$ en bleu.

Colorie $\frac{2}{3}$ en vert.

Colorie $\frac{1}{3}$ en bleu.

Colorie $\frac{1}{3}$ en vert.

Colorie $\frac{1}{3}$ en rouge.

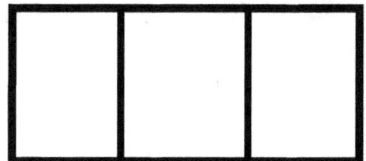

RÉFLÉCHIS BIEN

Colorie tes propres fractions.

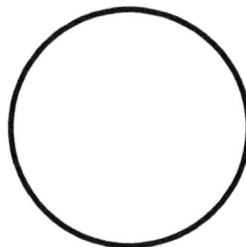

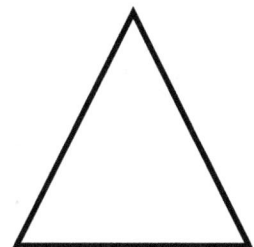

Fractions de groupes

Colorie le nombre de créatures correspondant à la fraction.

Colories-en $\frac{1}{4}$.

Colories-en $\frac{1}{2}$.

Colories-en $\frac{2}{4}$.

Colories-en $\frac{1}{3}$.

Colories-en $\frac{1}{2}$.

Colories-en $\frac{2}{3}$.

Colories-en $\frac{3}{4}$.

Colories-en $\frac{1}{3}$.

Colories-en $\frac{1}{2}$.

Problèmes avec des fractions

Fais un dessin, puis montre la fraction donnée comme réponse.

1. Alex coupe une pizza en 4 pointes égales.
   Il mange 1 pointe. Quelle fraction de la pizza a-t-il mangée?

   _____

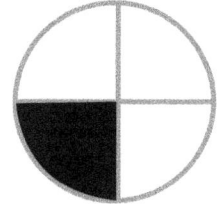

2. Margot compte 4 boîtes aux lettres dans sa rue. De ces boîtes, 3 sont vertes.
   Quelle fraction des boîtes aux lettres est verte?

   _____

3. Katy emprunte 3 livres à la bibliothèque. Elle en lit 2.
   Quelle fraction des livres a-t-elle lue?

   _____

4. Maya a 4 bâtonnets de carotte comme collation. Elle met du fromage sur 2
   des bâtonnets. Sur quelle fraction des bâtonnets a-t-elle mis du fromage?

   _____

5. Éric a 2 barres de céréales. Il en donne 1 à un ami.
   Quelle fraction de ses barres a-t-il donnée?

   _____

Donner l'heure, à l'heure près

Écris l'heure indiquée. Surligne la petite aiguille en bleu.

Sur une horloge, c'est la **petite aiguille** qui indique l'heure.
Ici, il est 2 h.

___6___ h

_____ h

_____ h

_____ h

_____ h

_____ h

_____ h

_____ h

Donner l'heure, à la demi-heure près

Écris l'heure. Surligne la petite aiguille en bleu.
Surligne la grande aiguille en rouge.

La **grande aiguille** est sur le 6.
La **petite aiguille** est entre le 3 et le 4.

Il est **3 h 30**.

_8_ h _30_

____ h ____

____ h ____

____ h ____

____ h ____

____ h ____

____ h ____

____ h ____

Donner l'heure, au quart d'heure près

Écris l'heure. Surligne la petite aiguille en bleu.
Surligne la grande aiguille en rouge.

La **grande aiguille** est sur le 3.
La **petite aiguille** dépasse un peu le 8.

Il est **8 h 15**.

_12_ h _15_

_____ h _____

_____ h _____

_____ h _____

_____ h _____

_____ h _____

_____ h _____

_____ h _____

Donner l'heure, au quart d'heure près (suite)

Écris l'heure. Surligne la petite aiguille en bleu.
Surligne la grande aiguille en rouge.

La **grande aiguille** est sur le 9.
La **petite aiguille** dépasse le 7 et est près du 8.

Il est **7 h 45**.

__12__ h __45__

_____ h _____

_____ h _____

_____ h _____

_____ h _____

_____ h _____

_____ h _____

_____ h _____

Quelle heure est-il?

Encercle la bonne heure.
Surligne la petite aiguille en bleu. Surligne la grande aiguille en rouge.

(4 h) ou 4 h 30

7 h ou 7 h 30

8 h ou 8 h 30

11 h ou 11 h 30

3 h ou 3 h 30

3 h ou 3 h 30

10 h ou 10 h 30

5 h ou 5 h 30

12 h ou 12 h 30

9 h ou 9 h 30

4 h ou 4 h 30

2 h ou 2 h 30

Indiquer l'heure qu'il est

Indique l'heure sur chaque horloge en y traçant les deux aiguilles.
Surligne la petite aiguille en bleu. Surligne la grande aiguille en rouge.

2 h 15

8 h

10 h 30

4 h 45

11 h 30

12 h 45

9 h 30

4 h 15

6 h

7 h 45

9 h

1 h 30

Les mois de l'année

1. Écris les mois de l'année dans le bon ordre.

_____	mai
_____	septembre
_____	décembre
_____	février
_____	août
_____	avril
_____	juillet
_____	mars
_____	octobre
_____	juin
_____	novembre
_____	janvier

2. Combien de mois y a-t-il dans une année? _____

Lire un calendrier

Sers-toi du calendrier pour répondre aux questions.

Avril

Dimanche	Lundi	Mardi	Mercredi	Jeudi	Vendredi	Samedi
		1	2	3	4	5
6	7	8	9	10	11	12
13	14	15	16	17	18	19
20	21	22	23	24	25	26
27	28	29	30			

1. Quel jour de la semaine est le 10 avril?

_____

2. Combien de mardis y a-t-il?

_____

3. Combien de samedis y a-t-il?

_____

4. Quelle est la date du premier lundi?

_____

Septembre

Dimanche	Lundi	Mardi	Mercredi	Jeudi	Vendredi	Samedi
		1	2	3	4	5
6	7	8	9	10	11	12
13	14	15	16	17	18	19
20	21	22	23	24	25	26
27	28	29	30			

5. Combien de jours y a-t-il dans ce mois?

_____

6. Quel jour de la semaine est le 12 septembre?

_____

7. Le mois suivant commencera quel jour de la semaine?

_____

8. Combien de vendredis y a-t-il?

_____

Les pièces de monnaie

1. Relie la pièce de monnaie à sa valeur.

25 ¢

5 ¢

100 ¢

200 ¢

10 ¢

Les pièces de monnaie

2. Écris la valeur de chaque pièce de monnaie en cents.

 _____ ¢

 _____ ¢

 _____ ¢

 _____ ¢

 _____ ¢

3. Encercle les pièces de 1 $ en rouge. Encercle les pièces de 25 ¢ en vert. Encercle les pièces de 10 ¢ en bleu. Encercle les pièces de 5 ¢ en jaune. Encercle les pièces de 2 $ en orange.

RÉFLÉCHIS BIEN

Combien de pièces de 10 ¢? _____   Combien de pièces de 1 $? _____

Combien de pièces de 5 ¢? _____   Combien de pièces de 25 ¢? _____

Combien de pièces de 2 $? _____

Estimations

Estime la somme des pièces de monnaie. Encercle les groupes de 25 ¢ en bleu.
Compte l'argent. Encercle les groupes de 10 ¢ en rouge. Compte l'argent.

Maria

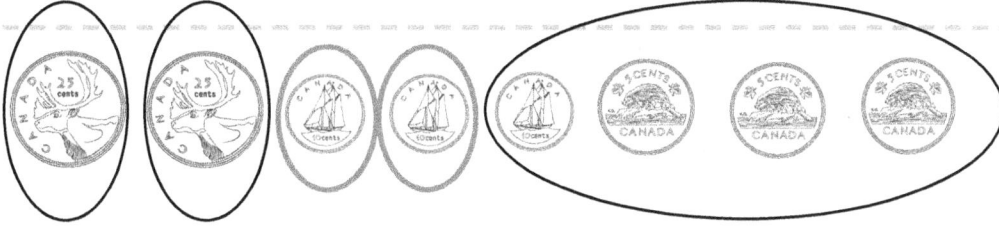

Estimation __90__ ¢   Compte __25__¢ __50__¢ __75__¢ __85__¢ __95__¢

Danny

Estimation _____ ¢   Compte _____¢ _____¢ _____¢ _____¢ _____¢

Julie

Estimation _____ ¢   Compte _____¢ _____¢ _____¢ _____¢ _____¢

Luc

Estimation _____ ¢   Compte _____¢ _____¢ _____¢ _____¢ _____¢

Compter des pièces de 10 ¢ et de 5 ¢

Trouve la valeur totale des pièces. Compte par intervalles de 10 pour les pièces de 10 ¢. Compte par intervalles de 5 pour les pièces de 5 ¢.

10 20 30 40 45 50   50

_____ ¢ _____ ¢ _____ ¢ _____ ¢ _____ ¢ _____ ¢ = _____ ¢

_____ ¢ _____ ¢ _____ ¢ _____ ¢ _____ ¢ = _____ ¢

_____ ¢ _____ ¢ _____ ¢ = _____ ¢

_____ ¢ _____ ¢ _____ ¢ _____ ¢ = _____ ¢

_____ ¢ _____ ¢ _____ ¢ _____ ¢ _____ ¢ _____ ¢ = _____ ¢

Combien y a-t-il d'argent?

1. Calcule la somme d'argent qu'a chaque personne.

Gustave

25 ¢   25 ¢   10 ¢   10 ¢   5 ¢

Total

75 ¢

Nico

_____ ¢   _____ ¢   _____ ¢   _____ ¢   _____ ¢

_____ ¢

Jade

_____ ¢   _____ ¢   _____ ¢   _____ ¢   _____ ¢

_____ ¢

Marjorie

_____ ¢   _____ ¢   _____ ¢   _____ ¢   _____ ¢

_____ ¢

2. Qui a le plus d'argent? _____

3. Qui a le moins d'argent? _____

4. Calcule la somme d'argent qu'a chaque personne.

						Total

Amélie

_____ ¢   _____ ¢   _____ ¢   _____ ¢   _____ ¢   _____ ¢

Suzanne

_____ ¢   _____ ¢   _____ ¢   _____ ¢   _____ ¢   _____ ¢

Omar

_____ ¢   _____ ¢   _____ ¢   _____ ¢   _____ ¢   _____ ¢

Julien

_____ ¢   _____ ¢   _____ ¢   _____ ¢   _____ ¢   _____ ¢

5. Qui a le plus d'argent? _____

6. Qui a le moins d'argent? _____

Équivalences dans les pièces de monnaie

Trouve la valeur totale. Puis utilise le moins de pièces possible pour obtenir la même valeur. Dessine les pièces.

Valeur totale : _____

Valeur totale : _____

Valeur totale : _____

Valeur totale : _____

Valeur totale : _____

Association de sommes d'argent

Relie le coût de chaque mets ou boisson au groupe de pièces de monnaie correspondant.

95 ¢

1 $

40 ¢

50 ¢

60 ¢

Pièces de monnaie manquantes

Complète chaque équation. Puis dessine les pièces de monnaie qui manquent.

 +

25 ¢ + _____ = 30 ¢

 +

5 ¢ + _____ = 50 ¢

 +

40 ¢ + _____ = 80 ¢

 +

10 ¢ + _____ = 65 ¢

 +

50 ¢ + _____ = 1 $

 +

20 ¢ + _____ = 75 ¢

Sommes d'argent équivalentes

Montre deux façons différentes d'obtenir la même somme d'argent. Dessine les pièces de monnaie.

	Première façon	Deuxième façon
35 ¢		
80 ¢		
50 ¢		
1 $		

La longueur

1. Quelle est la longueur de chaque objet en ⬭ ?

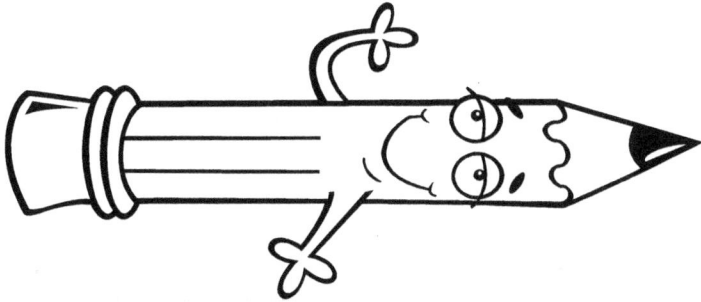

La longueur (suite)

2. Écris la longueur en centimètres. Écris **cm** pour « centimètres ».

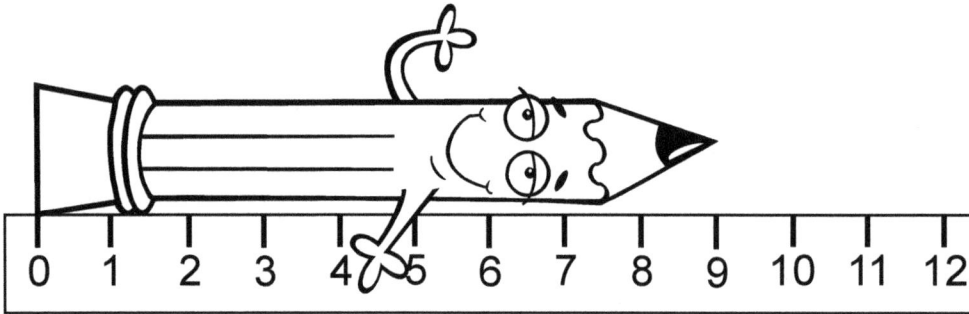

cm

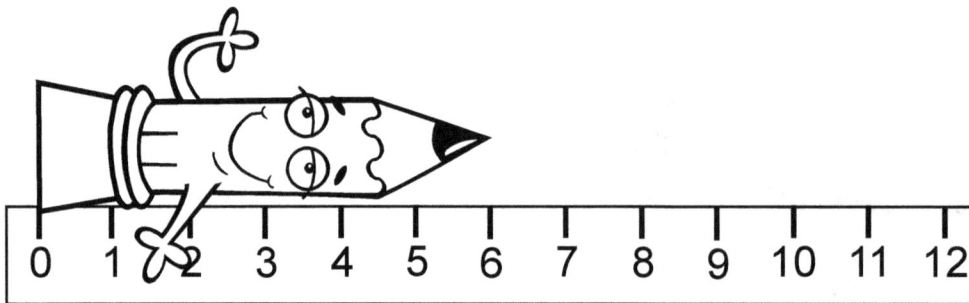

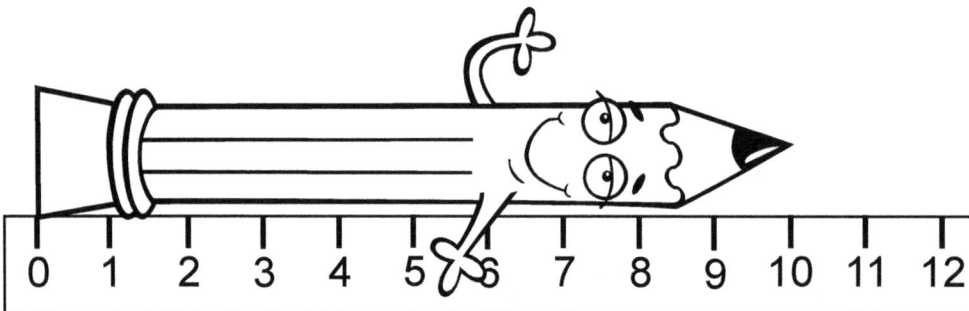

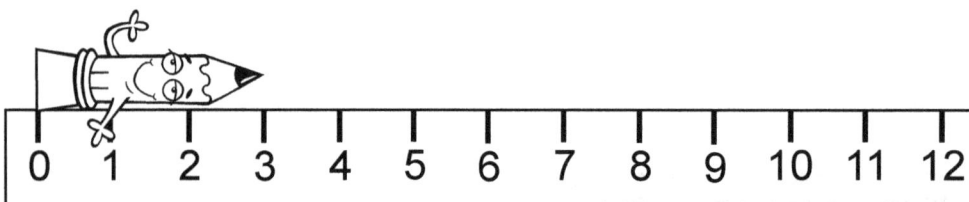

3. Écris la longueur en centimètres. Utilise l'abréviation « cm ».

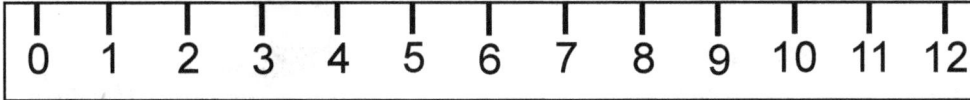

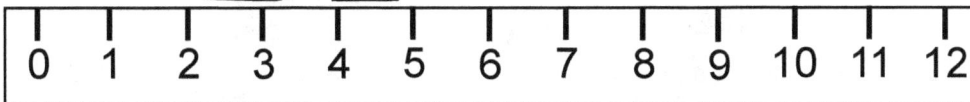

| 0 1 2 3 4 5 6 7 8 9 10 11 12 |

| 0 1 2 3 4 5 6 7 8 9 10 11 12 |

RÉFLÉCHIS BIEN

Combien de carrés mesure la chenille? Encercle la réponse.

environ 3 carrés

environ 5 carrés

environ 7 carrés

La masse

Quelle est la masse de chaque créature? Compte les cubes pour le savoir.

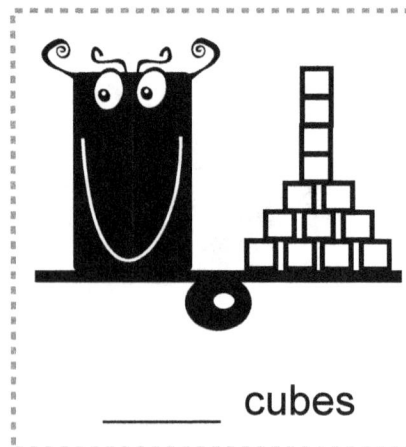

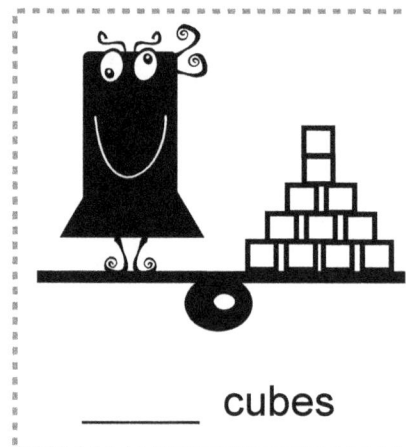

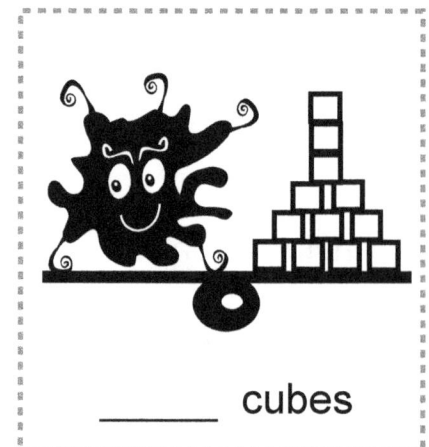

_____ cubes

_____ cubes

_____ cubes

_____ cubes

_____ cubes

_____ cubes

_____ cubes

_____ cubes

_____ cubes

La capacité

Colorie le récipient qui contient la plus grande quantité.

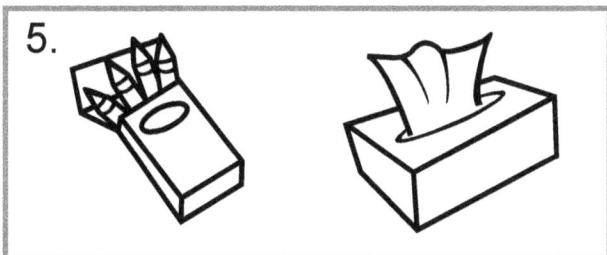

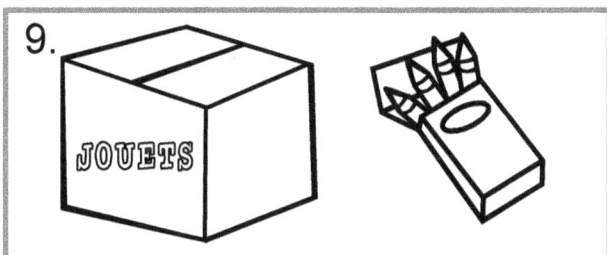

1.

2.

3.

4.

5.

6.

7.

8.

9.

10.

Les mesures

Relie l'activité à l'outil de mesure approprié.

Tu veux mesurer une tasse
de farine pour faire du pain.   •   •   [règle 1 2 3 4 5 6]

Tu veux connaître
la température.   •   •   [balance avec pomme]

Tu veux connaître
la longueur de ton livre.   •   •   [horloge]

Tu veux peser des pommes.   •   •   [calendrier Mars]

Tu veux savoir
quelle heure il est.   •   •   [thermomètre Celsius]

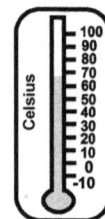

Tu veux connaître la date.   •   •   [Tasse]

Le périmètre

La longueur de la ligne qui forme une figure est le périmètre. Pour trouver le périmètre, additionne les côtés.

5 m + 5 m + 3 m + 3 m = 16 m

Le périmètre est de 16 mètres.

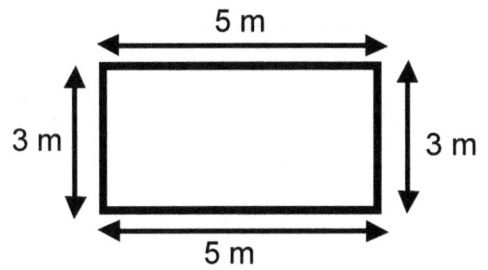

Quel est le périmètre de chaque figure? Utilise l'abréviation **m** pour « mètres ».

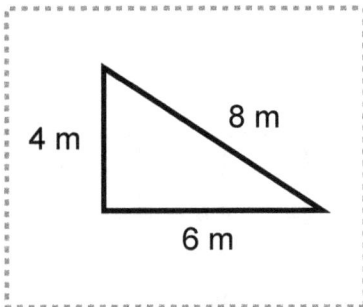

___ + ___ + ___ = ___ m

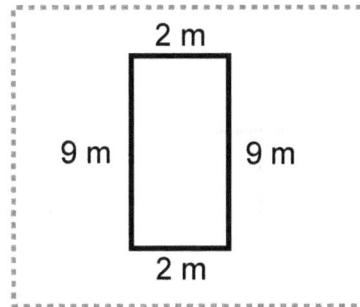

___ + ___ + ___ + ___ = ___ m

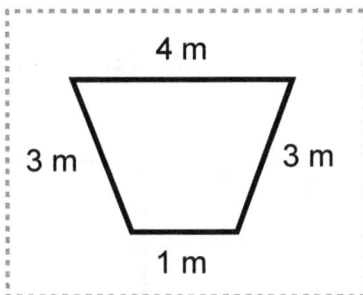

___ + ___ + ___ + ___ = ___ m

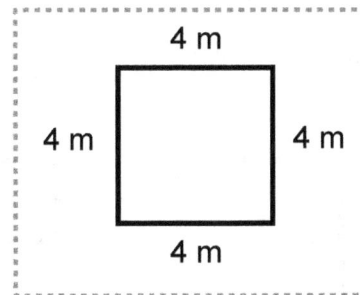

___ + ___ + ___ + ___ = ___ m

L'aire

L'aire est le nombre total d'unités qui forment
la surface d'une figure.
Un carré est égal à une unité.

Ici, l'aire mesure 9 unités carrées.

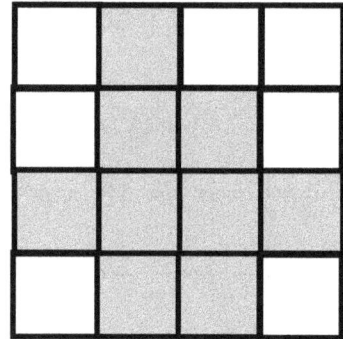

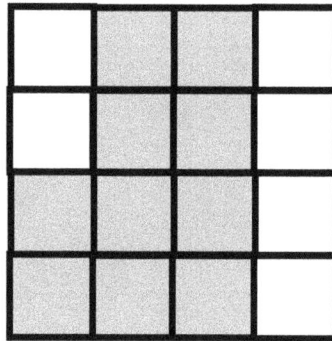

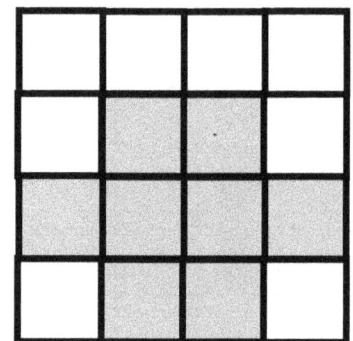

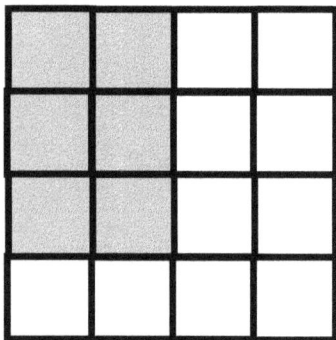

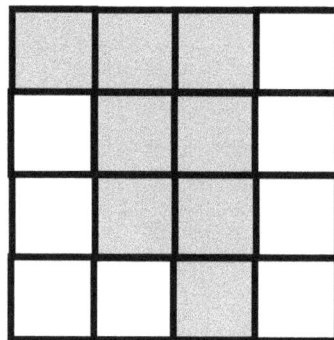

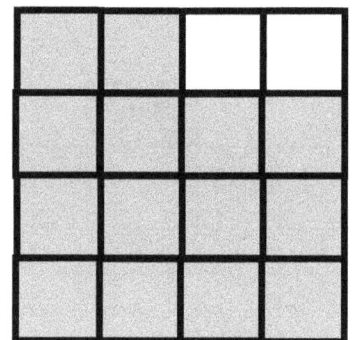

Trouve l'aire en comptant les carrés qui forment la surface de la figure.

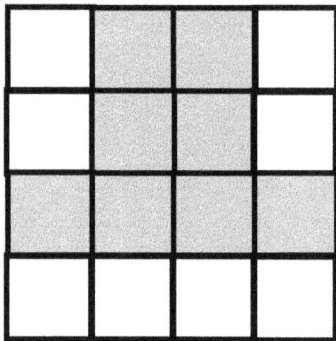

_____ unités carrées   _____ unités carrées   _____ unités carrées

_____ unités carrées   _____ unités carrées   _____ unités carrées

Le diagramme à pictogrammes

Dans un diagramme à pictogrammes, on utilise des images pour représenter les données.
Une légende explique l'image.

= 1 vote

Les élèves de Mme Louisa ont fait un diagramme pour montrer leurs façons préférées de manger des pommes. Réponds aux questions plus bas.

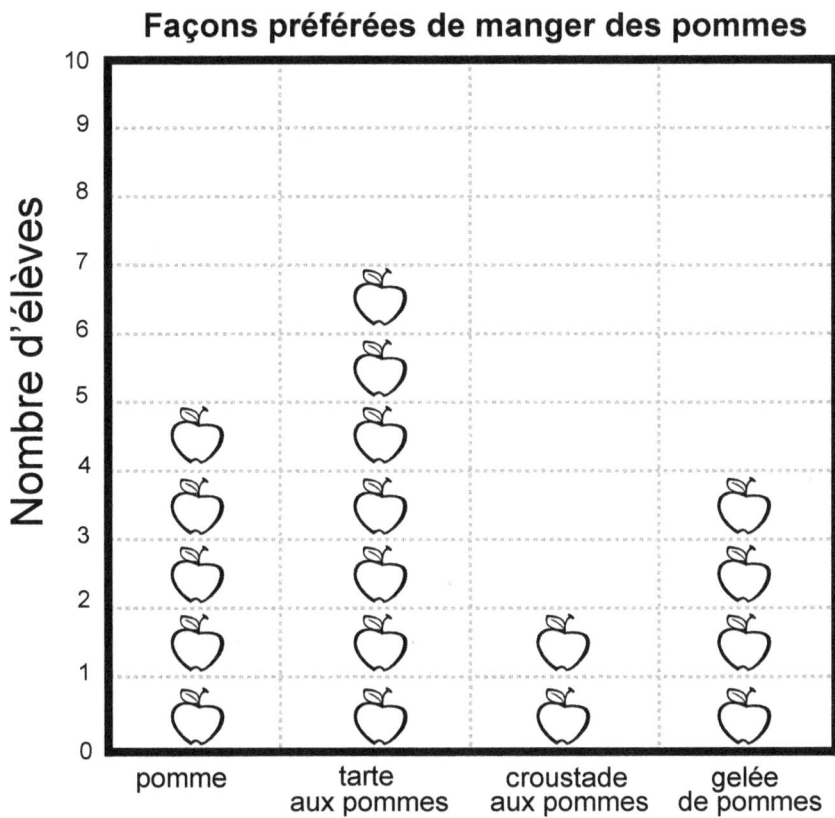

Façons préférées de manger des pommes

Nombre d'élèves

10
9
8
7
6
5
4
3
2
1
0

pomme   tarte   croustade   gelée
          aux pommes   aux pommes   de pommes

Façons de manger des pommes

= 1 vote

1. Quelle façon est la plus populaire? _____

2. Combien d'élèves ont choisi la tarte aux pommes? _____

3. Combien d'élèves ont voté en tout? _____

Le tableau des effectifs

Dans un tableau des effectifs, on compte les données par **groupes de 5.**
Chaque trait ou marque représente 1.
Voici comment on représente un groupe de 5.

~~|||| = 5

Réponds aux questions.

Couleur préférée

Couleur	Dénombrement	Effectif
vert	||	
rouge	~||||	
bleu	~|||| |||	
jaune	||||	

1. Quelle couleur est la plus populaire?

_____

2. Combien de personnes ont choisi le rouge?

_____

3. Combien de personnes en tout ont choisi le vert ou le bleu?

_____

Légume préféré

Légume	Dénombrement	Effectif
carottes	||||	
concombre	~||||	
haricots verts	~|||| |||	
laitue	||	

4. Quel légume est le plus populaire?

_____

5. Combien de personnes de plus ont choisi les carottes plutôt que la laitue?

_____

6. Si 6 personnes de plus avaient choisi le concombre, combien de personnes en tout auraient choisi le concombre?

_____

Biscuit préféré

Biscuit	Dénombrement	Effectif
brisures de chocolat	||	
beurre d'arachide	||||	
double chocolat	~||||	

7. Combien de personnes ont choisi le biscuit au double chocolat?

_____

8. Combien de personnes de plus ont choisi le biscuit au beurre d'arachide plutôt que celui aux brisures de chocolat?

_____

Le diagramme à bandes

Dans le **diagramme à bandes**, on représente les données au moyen de bandes. Les bandes peuvent être verticales ou horizontales.

1. Les élèves de Mme Diane ont fait un diagramme à bandes pour représenter leurs activités de récréation préférées. Réponds aux questions.

Activités de récréation préférées

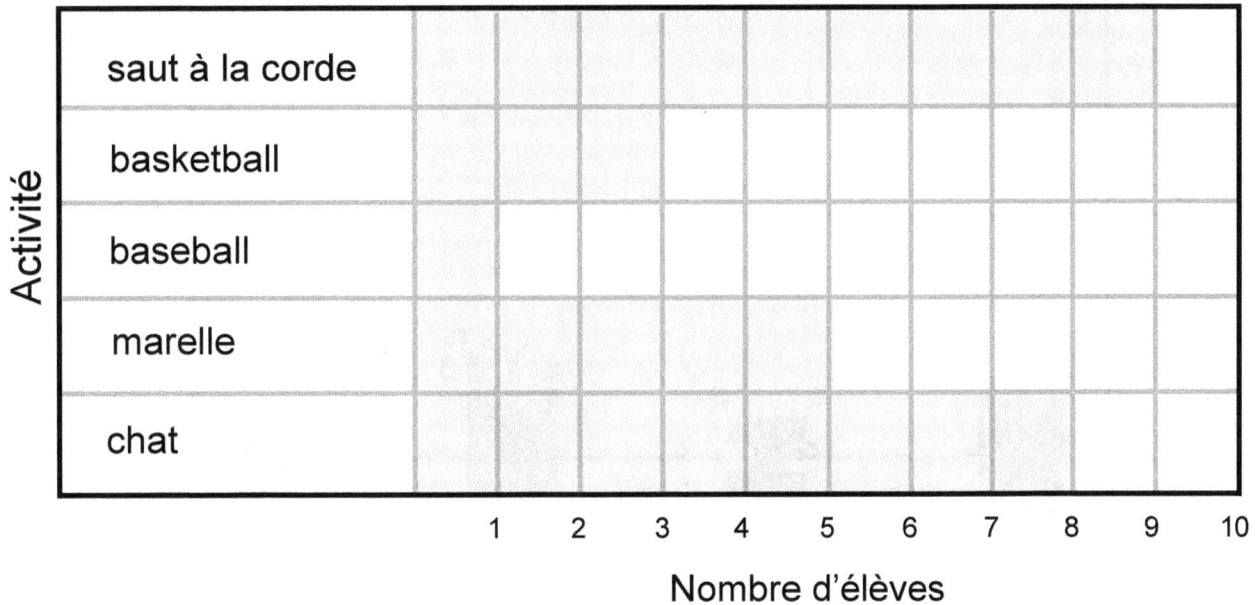

Activité										
saut à la corde										
basketball										
baseball										
marelle										
chat										

Nombre d'élèves
1 2 3 4 5 6 7 8 9 10

L'activité la plus populaire est _____.

L'activité la moins populaire est _____.

Combien d'élèves aiment la marelle? _____

Combien d'élèves de plus aiment le chat plutôt que le basketball? _____

2. Les élèves de M. Kei ont fait un diagramme à bandes pour représenter leurs créatures préférées. Réponds aux questions.

Créatures préférées

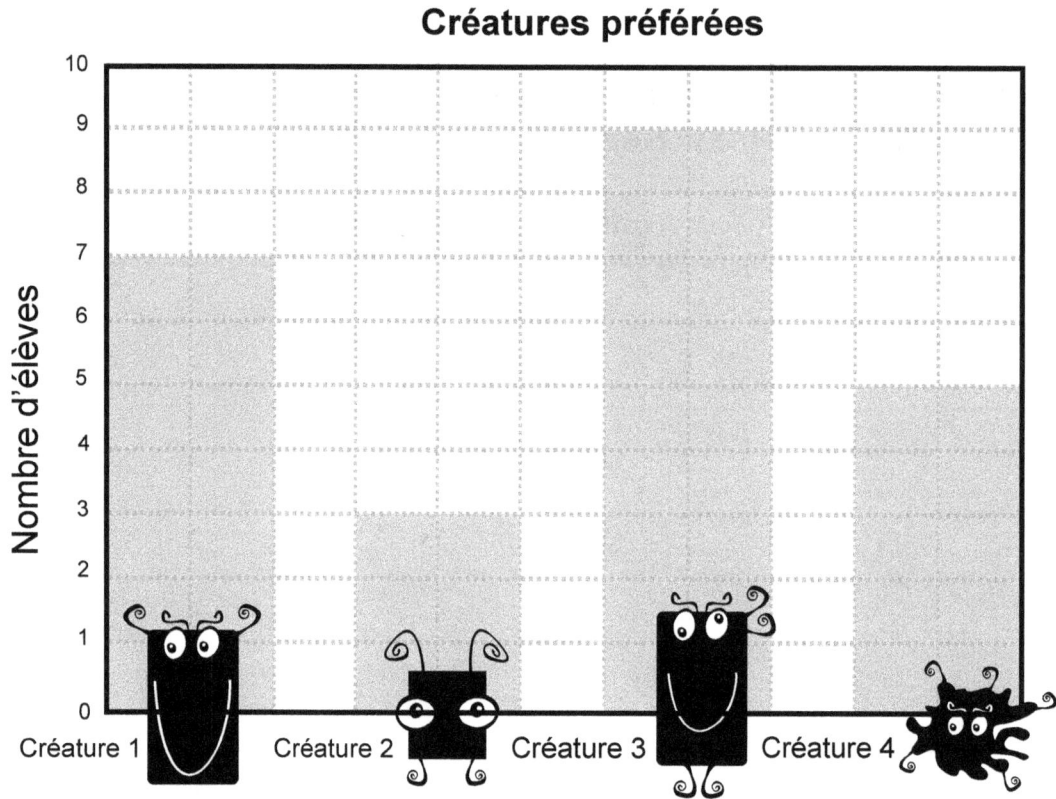

La créature la plus populaire est _____.

La créature la moins populaire est _____.

Combien d'élèves aiment la créature 2? _____

Combien d'élèves de plus aiment la créature 3 plutôt que la créature 1? _____

Combien d'élèves ont choisi la créature 4? _____

Combien d'élèves ont voté en tout? _____

Quelles sont les probabilités?

Certains événements se produisent toujours.
Les événements impossibles ne se produisent jamais.
Les événements probables se produisent souvent, mais pas toujours.
Les événements peu probables peuvent se produire, mais ne le font pas très souvent.

Réponds aux questions.

Écris **certain**, **impossible**, **probable** ou **peu probable** pour chaque événement.

1. Je vais me lever le matin. _____

2. Il va neiger en juillet. _____

3. Il fera chaud pendant l'été. _____

4. Le printemps viendra après l'hiver. _____

5. Je sortirai pour la récréation. _____

6. Je serai plus jeune l'année prochaine. _____

7. Je vais gagner une partie 10 fois de suite. _____

8. Un cheval va voler. _____

9. Le soleil va se lever demain. _____

Les polygones

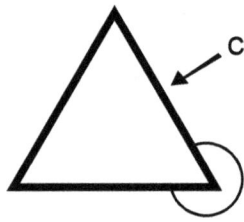

Un polygone est une figure en 2D qui a au moins 3 côtés.

côté

On appelle « sommets » les coins d'un polygone.

Remplis le tableau ci-dessous.

Figure	Trace la figure	Nombre de côtés	Nombre de sommets
triangle			
carré			
pentagone			
hexagone			
octogone			

Tri de figures en 2D

Lis la règle. Colorie les figures qui suivent la règle.

Figures qui ont plus de 4 sommets

Figures qui ont 4 côtés

Figures qui ont moins de 5 côtés

Figures qui ont plus de 3 côtés

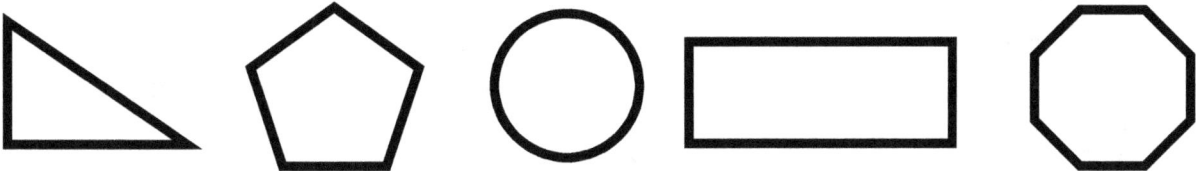

Figures qui ont moins de 5 sommets

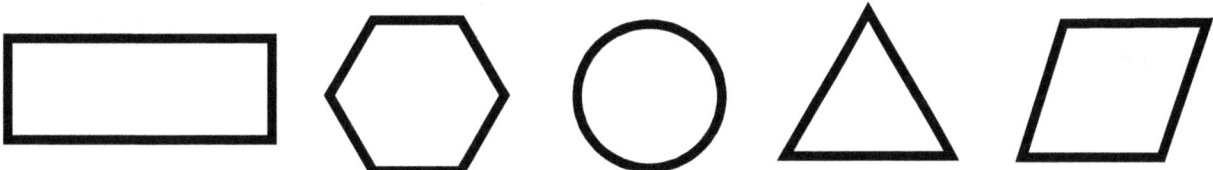

Identification d'objets en 3D

1. Relie chaque objet en 3D à son nom.

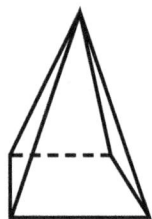   •   • pyramide

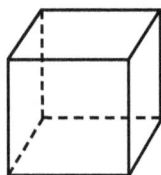   •   • cylindre

   •   • sphère

   •   • prisme à base
                                                    rectangulaire

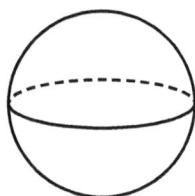   •   • cône

                              •   • cube

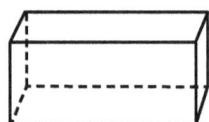

Identification d'objets en 3D (suite)

2. Associe l'objet en 3D à l'objet qui lui ressemble. Encercle la réponse.

cube				
cylindre				
cône				

RÉFLÉCHIS BIEN

1.

Encercle l'objet en 3D qui peut être fabriqué à partir des figures.

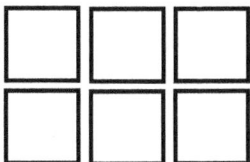
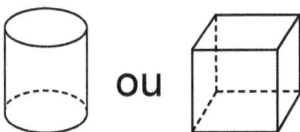

2.

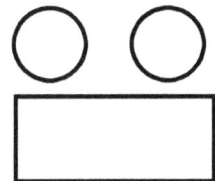

La symétrie

Un **axe de symétrie** divise une figure en 2 parties qui ont exactement la même forme et les mêmes dimensions.

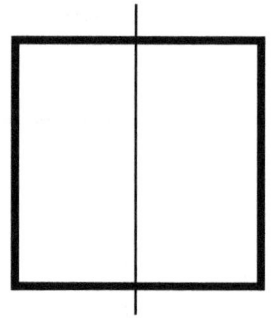

1. Est-ce un axe de symétrie? Encercle la réponse.

Oui   Non

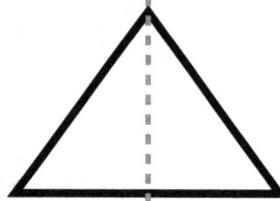

Oui   Non

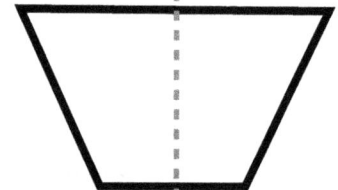

Oui   Non

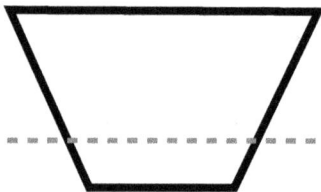

Oui   Non

Oui   Non

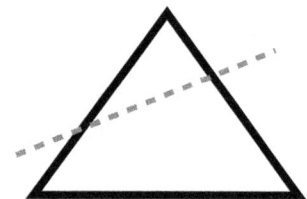

Oui   Non

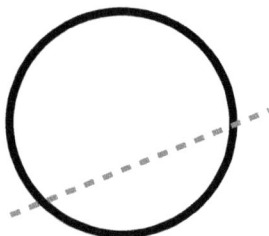

Oui   Non

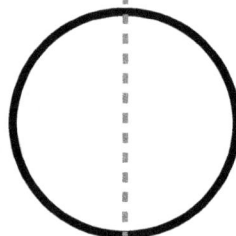

Oui   Non

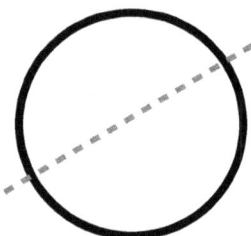

Oui   Non

La symétrie (suite)

2. Trace l'autre moitié de la figure.

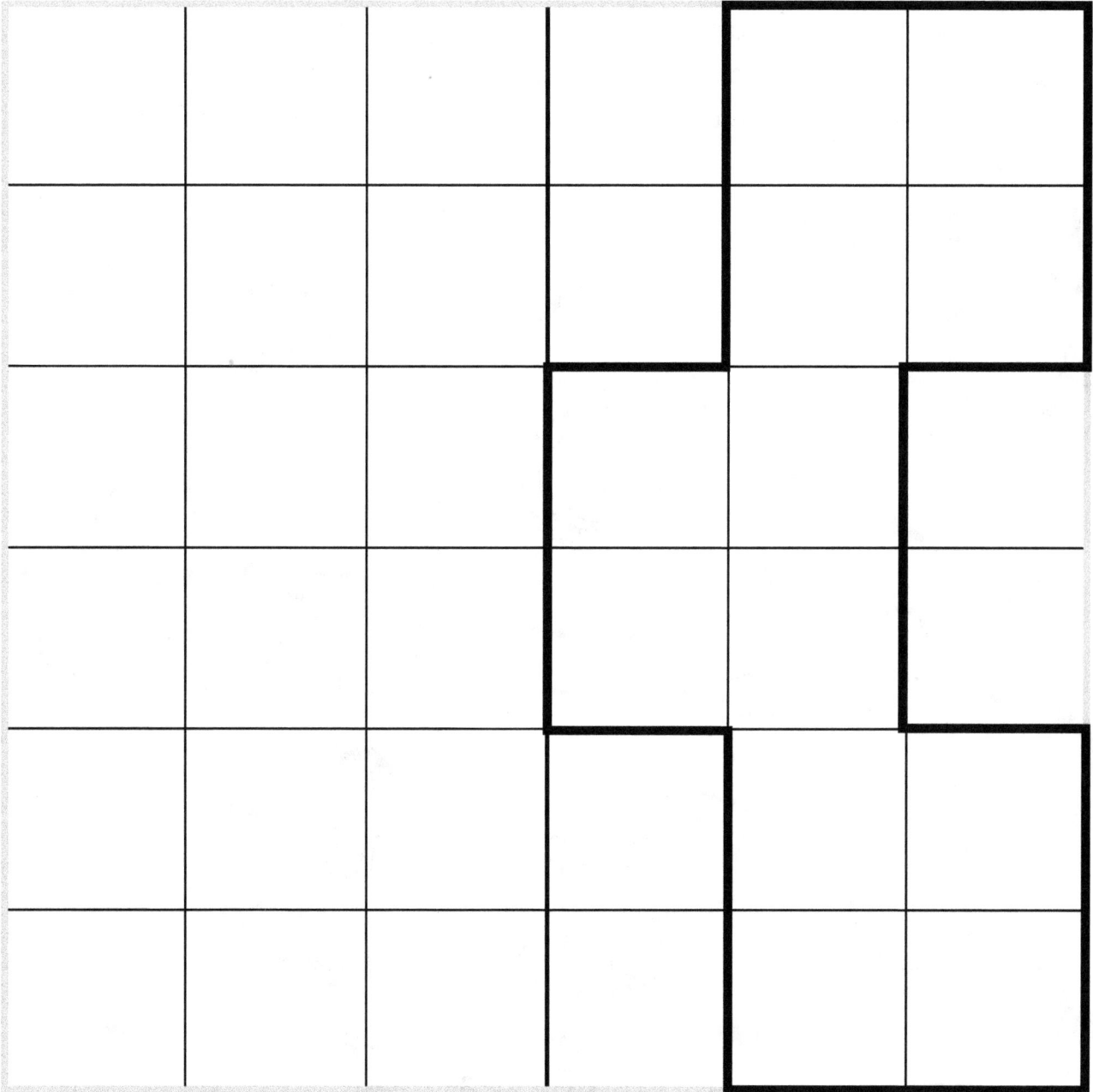

Suivre des consignes

Lis les consignes pour colorier l'image.

Colorie en jaune l'étoile au-dessus de la lune.

Colorie en bleu la lune à gauche du vaisseau spatial.

Colorie en orange le vaisseau spatial sous la lune.

Colorie en vert le robot à côté du vaisseau spatial.

Les coordonnées

Regarde les créatures dans la grille, puis écris leurs coordonnées.

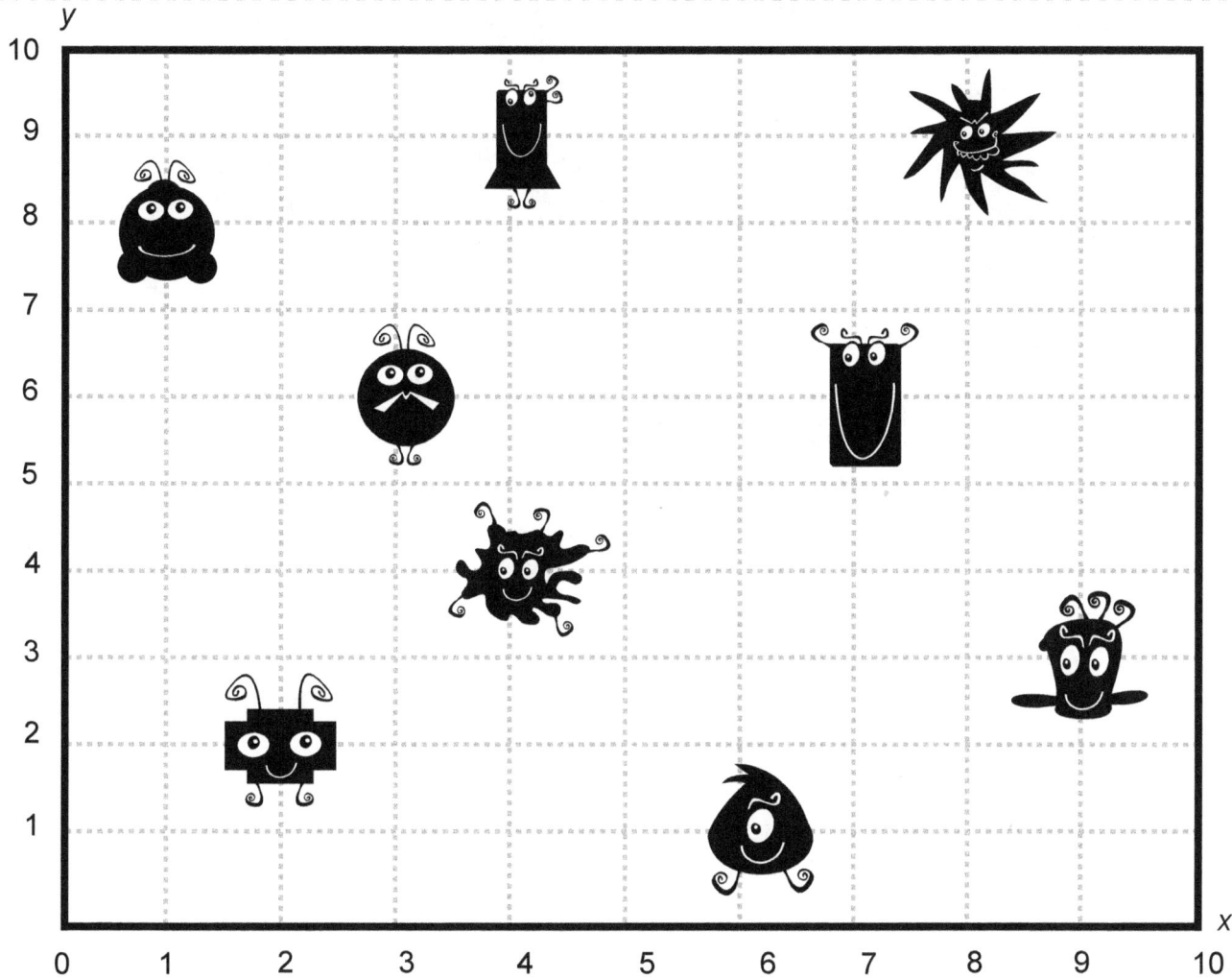

(**1** , **8**) (,) (,) (,) (,) (,)

(,) (,) (,)

Spécialiste des maths!

Continue tes efforts!

Corrigé

Les nombres en mots cachés p. 1

J	C	I	N	Q	G	O	N	Z	E	P	U
D	D	I	X	-	S	E	P	T	K	Y	N
E	J	V	I	N	G	T	S	N	E	U	F
U	Q	U	A	T	O	R	Z	E	R	T	L
X	D	V	H	B	U	F	H	W	S	I	X
O	O	D	I	X	-	H	U	I	T	W	M
D	U	K	N	D	I	X	-	N	E	U	F
I	Z	T	R	E	I	Z	E	Q	S	A	T
X	E	N	Z	S	E	I	Z	E	E	O	R
M	B	H	U	I	T	D	L	C	P	B	O
A	D	V	Q	U	I	N	Z	E	T	O	I
Q	U	A	T	R	E	P	R	G	L	S	S

Intervalles de 2 p. 2

1. 44, 46, 48, 50, 52, 54, 56 **2.** 15, 17, 19, 21, 23, 25, 27 **3.** 82, 84, 86, 88, 90, 92, 94 **4.** 26, 28, 30, 32, 34, 36, 38

5. 33, 35, 37, 39, 41, 43, 45 **6.** 50, 52, 54, 56, 58, 60, 62 **7.** 68, 70, 72, 74, 76, 78, 80 **8.** 30, 28, 26, 24, 22, 20, 18

9. 48, 46, 44, 42, 40, 38, 36 **10.** 64, 62, 60, 58, 56, 54, 52

Intervalles de 5 p. 3

1. 0, 5, 10, 15, 20, 25, 30 **2.** 35, 40, 45, 50, 55, 60, 65 **3.** 70, 75, 80, 85, 90, 95, 100

4. 50, 45, 40, 35, 30, 25, 20 **5.** 35, 30, 25, 20, 15, 10, 5 **6.** 70, 65, 60, 55, 50, 45, 40

7. Cinq groupes de cinq lettres encerclés, plus une lettre; 26 lettres

Intervalles de 10 p. 4

1. 20, 30, 40, 50, 60, 70, 80 **2.** 15, 25, 35, 45, 55, 65, 75 **3.** 22, 32, 42, 52, 62, 72, 82 **4.** 43, 53, 63, 73, 83, 93, 103

5. 27, 37, 47, 57, 67, 77, 87 **6.** 100, 90, 80, 70, 60, 50, 40 **7.** 66, 56, 46, 36, 26, 16, 6 **8.** 88, 78, 68, 58, 48, 38, 28

Compter jusqu'à 200 par intervalles de 5 p. 5

Les élèves relient les points de 5 à 200, par intervalles de 5. Réfléchis bien : Compte à rebours par intervalles de 5 : 100, 95, 90, 85, 80, 75, 70, 65.

Compte à rebours par intervalles de 2 : 150, 148, 146, 144, 142, 140, 138, 136

Compter à rebours par 1 p. 6

Les élèves relient les points en comptant par 1, à partir de 50. Réfléchis bien : 57, 58, 59, 60, 61, 62; 67, 68, 69

Suite de nombres croissants p. 7

1. 3, 6, 9, 12, 15, 18, 21, 24, 27 **2.** 15, 20, 25, 30, 35, 40, 45, 50, 55 **3.** 5, 15, 25, 35, 45, 55, 65, 75, 85

4. Exemple : 4; 6, 10, 14, 18, 22, 26, 30, 34, 38

Suite de nombres décroissants p. 8

1. 27, 24, 21, 18, 15, 12, 9, 6 **2.** 35, 30, 25, 20, 15, 10, 5, 0 **3.** 100, 90, 80, 70, 60, 50, 40, 30

4. Exemple : 2; 25, 23, 21, 19, 17, 15, 13, 11

Nombres pairs et impairs p. 9

Vérifiez que les élèves ont colorié l'image correctement.

Ordonner des nombres p. 10

1. <u>64</u>, 65, 66; 11, 12, <u>13</u>; <u>88</u>, 89, <u>90</u>; 4, <u>5</u>, 6; 16, 17, <u>18</u>; 69, <u>70</u>, 71; <u>39</u>, 40, <u>41</u>; 33, 34, <u>35</u>; <u>55</u>, 56, 57

2. 11, 18, 27, 29, 54, 71; 3, 17, 39, 40, 63, 84 **3.** 71, 46, 24; 19, 15, 11

Dizaines et unités p. 11-12

1. <u>2</u> dizaines + <u>8</u> unités; 28 **2.** <u>4</u> dizaines + <u>5</u> unités; 45 **3.** <u>1</u> dizaine + <u>9</u> unités; 19 **4.** <u>2</u> dizaines + <u>6</u> unités; 26 **5.** <u>1</u> dizaine + <u>7</u> unités; 17

6. <u>3</u> dizaines + <u>0</u> unité; 30 **7.** <u>2</u> dizaines + <u>3</u> unités; 23 **8.** <u>7</u> dizaines + <u>0</u> unité; 70 **9.** <u>4</u> dizaines + <u>2</u> unités; 42 **10.** <u>4</u> dizaines + <u>4</u> unités; 44

11. <u>8</u> dizaines + <u>0</u> unité; 80 **12.** <u>3</u> dizaines + 1 unité; 31 **13.** <u>2</u> dizaines + <u>2</u> unités; 22 **14.** <u>6</u> dizaines + <u>2</u> unités; 62 **15.** <u>1</u> dizaine + 5 unités; 15

16. <u>0</u> dizaine + <u>4</u> unités; 4 **17.** <u>4</u> dizaines + <u>9</u> unités; 49 **18.** <u>8</u> dizaines + 5 unités; 85 Réfléchis bien : 49; 28; 89; 75

Écrire les nombres de différentes façons p. 13

1. 40 + 1; **2.** 2 dizaines et 9 unités; **3.** 1dizaine et 6 unités; 10 + 6 **4.** 5 dizaines et 3 unités;

5. 90 + 0;

Écrire les nombres dans leur forme normale p. 14

1. 45 **2.** 76 **3.** 19 **4.** 62 **5.** 84 **6.** 11 **7.** 56 **8.** 8 **9.** 53 **10.** 4 **11.** 39 **12.** 83

Trouver les sommes tout en s'amusant p. 15

1. Vérifiez que les élèves ont colorié l'image correctement. **2.** 5 + 4 = 9; 6 + 6 = 12; 3 + 6 = 9; 1 + 7 = 8; 0 + 1 = 1; 9 + 5 = 14; 4 + 2 = 6; 2 + 2 = 4; 7 + 7 = 14; 7 + 3 = 10; 4 + 1 = 5; 2 + 1 = 3; 5 + 2 = 7; 5 + 3 = 8; 9 + 2 = 11; 10 + 10 = 20; 8 + 2 = 10; 9 + 9 = 18

Ajouter 1 ou 2 en comptant normalement p. 16-17

1. 13, 12, <u>13</u>; 9, 7, <u>8</u>, <u>9</u>; 24, 23, <u>24</u>; <u>32</u>, 30, <u>31</u>, <u>32</u>; 42, 41, <u>42</u>; 90, 88, <u>89</u>, <u>90</u> **2.** 30, 29, <u>30</u>; 35, 33, <u>34</u>, <u>35</u>; 47, 46, <u>47</u>; 56, 54, <u>55</u>, <u>56</u>; 20, 19, <u>20</u>; 83, 81, <u>82</u>, <u>83</u>; 10, 9, <u>10</u>; 27, 25, <u>26</u>, <u>27</u>; 39, 38, <u>39</u>; 2, 0, <u>1</u>, <u>2</u>; 18, 17, <u>18</u>; 15, 13, <u>14</u>, <u>15</u>

Addition de nombres pareils p. 18

1. 2 + 2 = 4; **2.** 5 + 5 = 10; **3.** 1 + 1 = 2; **4.** 3 + 3 = 6; **5.** 6 + 6 = 12; **6.** 4 + 4 = 8

Addition de nombres pareils plus 1 p. 19

20, 21; 6, 7; 10, 11; 16, 17; 2, 3; 18, 19; 4, 5; 8, 9; 14, 15

On peut additionner dans n'importe quel ordre p. 20-21

1. 7 + 3 = <u>10</u>, 3 + 7 = <u>10</u>, un cadre à 10 cases représente 7 + 3 et l'autre représente 3 + 7; 6 + 4 = <u>10</u>, 4 + 6 = <u>10</u>, un cadre à 10 cases représente 6 + 4 et l'autre représente 4 + 6; 1 + 9 = <u>10</u>, 9 + 1 = <u>10</u>, un cadre à 10 cases représente 1 + 9 et l'autre représente 9 + 1; 3 + 5 = <u>8</u>, 5 + 3 = <u>8</u>, un cadre à 10 cases représente 3 + 5 et l'autre représente 5 + 3; 2 + 8 = <u>10</u>, 8 + 2 = <u>10</u>, un cadre à 10 cases représente 8 + 2 et l'autre représente 2 + 8 **2.** 1 + 4 = <u>5</u>, 4 + 1 = <u>5</u>, un cadre à 10 cases représente 1 + 4 et l'autre représente 4 + 1; 7 + 2 = <u>9</u>, 2 + 7 = <u>9</u>, un cadre à 10 cases représente 7 + 2 et l'autre représente 2 + 7; 4 + 3 = <u>7</u>, 3 + 4 =

<u>7</u>, un cadre à 10 cases représente 4 + 3 et l'autre représente 3 + 4; 1 + 8 = <u>9</u>, 8 + 1 = <u>9</u>, un cadre à 10 cases représente 1 + 8 et l'autre représente 8 + 1; 2 + 1 = <u>3</u>, 1 + 2 = <u>3</u>, un cadre à 10 cases représente 2 + 1 et l'autre représente 1 + 2; Exemple d'une question : 0 + 8 = <u>8</u>, 8 + 0= <u>8</u>, un cadre à 10 cases représente 0 + 8 et l'autre représente 8 + 0

Additions avec une droite numérique p. 22-23
Remarque : Les élèves peuvent mettre un point au-dessus de l'un ou l'autre des termes de l'addition (commutativité).
1. 9 + 7 = <u>16</u>, une droite numérique avec un point sur le 9, et 7 bonds jusqu'à 16; 6 + 12 = <u>18</u>, une droite numérique avec un point sur le 12, et 6 bonds jusqu'à 18; 11 +4 = <u>15</u>, une droite numérique avec un point sur le 11, et 4 bonds jusqu'à 15; 2 + 15 = <u>17</u>, une droite numérique avec un point sur le 15, et 2 bonds jusqu'à 17. **2.** 21 + 2 = <u>23</u>, une droite numérique avec un point sur le 21, et 2 bonds jusqu'à 23; 24 + 5 = <u>29</u>, une droite numérique avec un point sur le 24, et 5 bonds jusqu'à 29; 32 + 4 = <u>36</u>, une droite numérique avec un point sur le 32, et 4 bonds jusqu'à 36; 46 + 6 = <u>52</u>, une droite numérique avec un point sur le 46, et 6 bonds jusqu'à 52; 70 + 7 = <u>77</u>, une droite numérique avec un point sur le 70, et 7 bonds jusqu'à 77; 63 + 3 = <u>66</u>, une droite numérique avec un point sur le 63, et 3 bonds jusqu'à 66; 49 + 1 = <u>50</u>, une droite numérique avec un point sur le 49, et 1 bond jusqu'à 50

Faire une dizaine pour additionner p. 24
Pour chaque question, un groupe de 10 a été encerclé. 6 + 9 = 10 + <u>5</u> = <u>15</u>; 8 + 8 = 10 + 6 = <u>16</u>; 7 + 5 = 10 + <u>2</u> = <u>12</u>; 14 + 4 = 10 + 8 = <u>18</u>; 9 + 9 = 10 + 8 = <u>18</u>

Équations d'additions p. 25-26
Vérifiez que, pour chaque groupe d'additions, les équations sont correctes et les cubes sont coloriés correctement. Exemples :
1. 2 + 6 = 8, 4 + 4 = 8, 5 + 3 = 8; 10 + 1 = 11, 9 + 2 = 11, 3 + 8 = 11; 1 + 8 = 9, 2 + 7 = 9, 3 + 6 = 9; 12 + 1 = 13, 10 + 3 = 13, 9 + 4 = 13 **2.** 4 + 8 = 12, 5 + 7 = 12, 6 + 6 = 12; 1 + 5 = 6, 2 + 4 = 6, 3 + 3 = 6; 2 + 8 = 10, 3 + 7 = 10, 4 + 6 = 10; 12 + 2 = 14, 13 + 1 = 14, 10 + 4 = 14

Exercices d'addition p. 27
8 + 6 = <u>14</u>; 7 + 7 = <u>14</u>; 12 + 3 = <u>15</u>; 6 + 6 = <u>12</u>; 15 + 3 = <u>18</u>; 17 + 2 = <u>19</u>; 11 + 0 = <u>11</u>; 10 + 3 = <u>13</u>; 11 + 7 = <u>18</u>; 4 + 9 = <u>13</u>; 8 + 10 = <u>18</u>; 9 + 8 = <u>17</u>; 13 + 1 = <u>14</u>; 13 + 4 = <u>17</u>; 14 + 3 = <u>17</u>; 9 + 5 = <u>14</u>; 11 + 7 = <u>18</u>; 9 + 9 = <u>18</u>; 5 + 13 = <u>18</u>; 3 +12 = <u>15</u>

Nombres qui manquent, p. 28
3 + <u>3</u> = 6, 9 + <u>9</u> = 18, 3 + <u>9</u> = 12, <u>8</u> + 6 = 14, 4 + <u>11</u> = 15, 9 + <u>8</u> = 17, <u>9</u> + 2 = 11, 7 + <u>5</u> = 12, <u>6</u> + 7 = 13, 6 + <u>6</u> = 12, 3 + 2 = 5, 7 + <u>0</u> = 7, <u>8</u> +'10 = 18, <u>5</u> + 9= 14, 1 + <u>10</u> = 11, <u>8</u> + 8 = 16, 10 + <u>10</u> = 20, <u>6</u> + 4 = 10, 2 + <u>4</u> = 6, 10 + <u>5</u> = 15.

Devinette d'addition p. 29
12 = A; 20 = B; 9 = C; 10 = E; 6 = I; 4 = L; 11 = M; 18 = N; 15 = O; 13 = P; 17 = Q; 16 = R; 7 = S; 8 = T; 14 = U; 3 = V; réponse : parce que ses élèves sont vraiment brillants

Additions sous forme d'histoires p. 30
1. 6 + 2 = 8; 8 **2.** 8 + 7 = 15; 15 **3.** 12 + 2 = 14; 14 **4.** 13 + 3 = 16; 16

Enlever 1 ou 2 en comptant à rebours p. 31-32
1. 7; 8, <u>7</u>; 7, 9, <u>8</u>, <u>7</u>; 16, 17, <u>16</u>; 12, 14, <u>13</u>, <u>12</u>; 14, 15, <u>14</u>; 14, 16, <u>15</u>, <u>14</u>; 12, 13, <u>12</u>; 17, 19, <u>18</u>, <u>17</u>
2. 17, 18, <u>17</u>; 9, 11, <u>10</u>, <u>9</u>; 28, 29, <u>28</u>; 18, 20, <u>19</u>, <u>18</u>; 11, 12, <u>11</u>; 31, 33, <u>32</u>, <u>31</u>; 43, 44, <u>43</u>; 23, 25, <u>24</u>, <u>23</u>; 65, 66, <u>65</u>; 56, 58, <u>57</u>, <u>56</u>; 51, 52, <u>51</u>; 40, 42, <u>41</u>, <u>40</u>; 60, 61, <u>60</u>; 85, 87, <u>86</u>, <u>85</u>

Trouver les différences tout en s'amusant p. 33
1. Vérifiez que les élèves ont colorié l'image correctement. **2.** 10 − 4 = 6; 3 − 0 = 3; 14 − 5 = 9; 8 − 5 = 3; 15 − 7 = 8; 17 − 9 = 8; 6 − 3 = 3; 9 − 2 = 7; 12 − 6 = 6; 2 − 1 = 1; 16 − 8 = 8; 7 − 1 = 6; 13 − 7 = 6; 5 − 4 = 1; 18 − 9 = 9; 10 − 10 = 0; 11 − 3 = 8; 4 − 1 = 3

Soustractions avec une droite numérique p. 34-35
1. 19 − 6 = <u>13</u>, point sur le 19, 6 bonds arrière jusqu'à 13; 16 − 3 = <u>13</u>, point sur le 16, 3 bonds arrière jusqu'à 13; 14 − 4 = <u>10</u>, point sur le 14, 4 bonds arrière jusqu'à 10; 17 − 1 = <u>16</u>, point sur le 17, 1 bond arrière jusqu'à 16. **2.** 24 − 2 = <u>22</u>, point sur le 24, 2 bonds arrière jusqu'à 22; 33 − 3 = <u>30</u>, point sur le 33, 3 bonds arrière jusqu'à 30; 46 − 3 = <u>43</u>, point sur le 46, 3 bonds arrière jusqu'à 43; 55 − 4 = <u>51</u>, point sur le 55, 4 bonds arrière jusqu'à 51; 22 − 5 = <u>17</u>, point sur le 22, 5 bonds arrière jusqu'à 17; 31 − 7 = <u>24</u>, point sur le 31, 7 bonds arrière jusqu'à 24; 62 − 8 = <u>54</u>, point sur le 62, 8 bonds arrière jusqu'à 54

Équations de soustractions p. 36-37
1. Vérifiez que, pour chaque groupe de soustractions, les équations sont correctes et les cubes sont coloriés correctement. Exemples : 4 - 3 = 1 (3 cubes barrés et 1 cube colorié), 4 - 2 = 2 (2 cubes barrés et 2 cubes coloriés), 4 - 0 = 4 (0 cube barré et 4 cubes coloriés); 6 - 4 = 2 (4 cubes barrés et 2 cubes coloriés), 6 - 5 = 1 (5 cubes barrés et 1 cube colorié), 6 − 3 = 3 (3 cubes barrés et 3 cubes coloriés); 9 - 4 = 5 (4 cubes barrés et 5 cubes coloriés), 9 - 5 = 4 (5 cubes barrés et 4 cubes coloriés), 9 - 7

= 2 (7 cubes barrés et 2 cubes coloriés); 10 - 4 = 6 (4 cubes barrés et 6 cubes coloriés), 10 - 5 = 5 (5 cubes barrés et 5 cubes coloriés), 10 - 7 = 3 (7 cubes barrés et 3 cubes coloriés) **2.** 8 - 4 = 4 (4 cubes barrés et 4 cubes coloriés), 8 - 5 = 3 (5 cubes barrés et 3 cubes coloriés), 8 - 7 = 0 (8 cubes barrés et aucun cube colorié); 5 - 4 = 1 (4 cubes barrés et 1 cube colorié), 5 - 2 = 3 (2 cubes barrés et 3 cubes coloriés), 5 - 3 = 2 (3 cubes barrés et 2 cubes coloriés); 12 - 4 = 8 (4 cubes barrés et 8 cubes coloriés), 12 - 5 = 7 (5 cubes barrés et 7 cubes coloriés), 12 - 7 = 5 (7 cubes barrés et 5 cubes coloriés); 7 - 4 = 3 (4 cubes barrés et 3 cubes coloriés), 7 - 5 = 2 (5 cubes barrés et 2 cubes coloriés), 7 - 7 = 0 (7 cubes barrés et 0 cube colorié)

Exercices de soustraction p. 38-39
1. 7 – 3 = 4; 6 – 2 = 4; 5 – 5 = 0; 4 – 0 = 4; 8 – 3 = 5; 14 – 1 = 13; 11 – 3 = 8; 14 – 8 = 6; 16 – 9 = 7; 10 – 2 = 8; 15 – 6 = 9; 7 – 0 = 7; 18 – 8 = 10; 13 – 6 = 7; 5 – 4 = 1; 12 – 6 = 6; 8 – 2 = 6; 16 – 8 = 8; 9 – 2 = 7; 11 – 9 = 2
2. 13 – 7 = 6; 12 – 8 = 4; 2 – 1 = 1; 8 – 0 = 8; 11 – 4 = 7; 17 – 10 = 7; 9 – 3 = 6; 16 – 2 = 14; 18 – 9 = 9; 10 – 10 = 0; 9 – 4 = 5; 11 – 8 = 3; 6 – 3 = 3; 15 – 7 = 8; 10 – 9 = 1; 4 – 3 = 1; 11 – 2 = 9; 3 – 2 = 1; 16 – 10 = 6; 7 – 7 = 0
Réfléchis bien : 12 – 4 – 3 = 5; 18 – 9 – 5 = 4; 14 – 8 – 2 = 4, 17 – 2 – 6 = 9

Nombres qui manquent p. 40
7 – 2 = 5, 1 – 0 = 1, 5 – 3 = 2, 15 – 7 = 8, 9 – 3 = 6, 13 – 9 = 4, 17 – 8 = 9, 30 – 10 = 20, 15 – 9 = 6, 8 – 3 = 5, 17 – 10 = 7, 3 – 1 = 2, 14 – 4 = 10, 12 – 6 = 6, 10 – 5 = 5.

Devinette de soustraction p. 41
1 = I; 6 = L; 3 = A; 2 = N; 5 = C; 4 = E; 8 = R; 9 = U; réponse : un arc-en-ciel. Réfléchis bien : une ligne qui relie seize à 16, douze à 12, et dix-neuf à 19

Soustractions sous forme d'histoires p. 42
1. 7 – 2 = 5; 5 **2.** 10 – 3 = 7; 7 **3.** 12 – 3 = 9; 9 **4.** 15 – 5 = 10; 10

Problèmes à résoudre p. 43
1. 11 – 5 = 6 **2.** 12 – 8 = 4 **3.** 6 + 9 = 15 **4.** 18 – 8 = 10 **5.** 12 – 5 = 7 **6.** 3 + 7 = 10 **7.** 14 – 4 = 10

Additions et soustractions p. 44
26 + 3 = 29; 17 + 2 = 19; 16 – 5 = 11; 27 – 5 = 22; 18 + 9 = 27; 18 + 2 = 20; 16 – 3 = 13; 29 – 8 = 21; 22 + 6 = 28; 16 + 5 = 21; 30 – 5 = 25; 19 – 1 = 18; 18 + 7 = 25; 15 + 7 = 22; 11 – 4 = 7; 28 – 9 = 19; 2 + 25 = 27; 13 – 7 = 6

Nombres ordinaux jusqu'à 10 p. 45
1. 2e, 3e, 4e, 5e, 6e, 7e, 8e, 9e, 10e **2.** les 4 premiers carrés encerclés, le 7e carré barré, le 6e carré colorié
3. abeille; cheval; chat Réfléchis bien : le 2e oiseau barré, le 4e oiseau encerclé

Additions de dizaines et d'unités p. 46
3 dizaines et 9 unités, 39; 2 dizaines et 3 unités, 23; 4 dizaines et 6 unités, 46; 5 dizaines et 9 unités, 59

Décomposer pour former une dizaine p. 47-48
1. 8 + 6 = 10 + 4 = 14 **2.** un modèle représentant 7 cubes noirs et 8 cubes blancs, 7 + 8 = 10 + 5 = 15; un modèle représentant 6 cubes noirs et 9 cubes blancs, 6 + 9 = 10 + 5 = 15; un modèle représentant 9 cubes noirs et 7 cubes blancs, 9 + 7 = 10 + 6 = 16 **3.** un modèle représentant 4 cubes noirs et 9 cubes blancs, 4 + 9 = 10 + 3 = 13; un modèle représentant 8 cubes noirs et 7 cubes blancs, 8 + 7 = 10 + 5 = 15; un modèle représentant 3 cubes noirs et 9 cubes blancs, 3 + 9 = 10 + 2 = 12; un modèle représentant 8 cubes noirs et 8 cubes blancs, 8 + 8 = 10 + 6 = 16; un modèle représentant 5 cubes noirs et 7 cubes blancs, 5 + 7 = 10 + 2 = 12

Additions sans regroupement p. 49-50
1. première rangée : 85, 37, 98, 97, 74; deuxième rangée : 62, 88, 85, 95, 46; troisième rangée : 87, 57, 64, 99, 44; quatrième rangée : 97, 52, 48, 33, 95; **2.** première rangée : 97, 56, 48, 53, 99; deuxième rangée : 85, 48, 98, 76, 77; troisième rangée : 63, 88, 76, 99, 49; quatrième rangée : 78, 54, 66, 79, 48; cinquième rangée : 97, 56, 58, 66, 98

Devinette d'addition p. 51
97 = I, 42 = R, 78 = W, 92 = L, 25 = P, 85 = T, 73 = V, 65 = U, 32 = G, 71 = X, 84 = E, 74 = O, 66 = A, 96 = B, 59 = D, 53 = N; réponse : il apprend une nouvelle langue!

Additions avec regroupement pp. 52–53
1. première rangée : 82, 41, 92, 61, 82; deuxième rangée : 70, 90, 81, 62, 72; troisième rangée : 71, 61, 50, 100, 44
2. première rangée : 72, 97, 80, 71, 54; deuxième rangée : 94, 50, 72, 91, 86; troisième rangée : 66, 65, 53, 70, 81; quatrième rangée : 82, 65, 73, 91, 54

Soustractions sans regroupement pp. 54–55

1. première rangée : 47, 44, 16, 44, 21; deuxième rangée : 55, 64, 12, 44, 71; troisième rangée : 22, 26, 10, 11, 20; quatrième rangée : 55, 2, 75, 51, 3

2. première rangée : 12, 27, 13, 11, 24; deuxième rangée : 57, 1, 73, 42, 25; troisième rangée : 45, 34, 14, 13, 16; quatrième rangée : 52, 64, 10, 15, 63

Réfléchis bien : Un modèle représentant 38 - 23 = 15; 3 dizaines et 8 unités - 2 dizaines et 3 unités = 1 dizaine et 5 unités

Association soustraction/réponse p. 56

Une ligne reliant ces équations et réponses : 45 – 31 et 14; 96 – 52 et 44; 97 – 30 et 67; 28 – 12 et 16; 73 – 22 et 51; 38 – 35 et 3; 79 – 48 et 31; 84 – 62 et 22;

Simplifier un problème p. 57-58

1. 16 – 10 = 6; 14 – 10 = 4, ajoute 1; 18 – 10 = 8, ajoute 3; 19 – 10 = 9, ajoute 3; 21 – 10 = 11, ajoute 4; 23 – 10 = 13, ajoute 4; 21 – 10 = 11, ajoute 3 **2.** 35 – 20 = 15; 26 – 20 = 6, ajoute 4; 32 – 20 = 12, ajoute 3; 29 – 20 = 9, ajoute 1; 44 – 20 = 24, ajoute 2; 35 – 20 = 15, ajoute 4; 35 – 20 = 15, ajoute 1

Soustractions avec regroupement p. 59–60

1. première rangée : 36, 57, 37, 9, 7; deuxième rangée : 17, 27, 17, 36, 19; troisième rangée : 8, 57, 17, 58, 11

2. première rangée : 7, 18, 16, 46, 19; deuxième rangée : 13, 19, 7, 36, 18;troisième rangée : 8, 45, 15, 61, 19; quatrième rangée : 36, 47, 27, 9, 15

Devinette de soustraction p. 61

7 = E, 12 = Q, 29 = H, 38 = N, 58 = U, 16 = W, 13 = O, 47 = D, 69 = S, 5 = L, 44 = M, 25 = I, 36 = R, 35 = C, 14 = Z, 8 = A; réponse : quand quelqu'un marche sur sa souris!

Problèmes à résoudre p. 62

1. addition, 62 billes **2.** soustraction, 18 oiseaux **3.** soustraction, 46 bonbons **4.** addition, 66 boutons

Initiation à la multiplication p. 63-64

1. 6 + 6 = <u>12</u>, 2 × 6 = <u>12</u>; 2 + 2 + 2 = <u>6</u>, 3 × 2 = <u>6</u>; 10 + 10 = <u>20</u>, 2 × 10 = <u>20</u>; 3 + 3 + 3 + 3 = <u>12</u>, 4 × 3 = <u>12</u>; 7 + 7 = <u>14</u>, 2 × 7 = <u>14</u>; 8 + 8 = <u>16</u>, 2 × 8 = <u>16</u> **2.** 5 + 5 + 5 = 15, 3 × 5 = 15; 8 + 8 = 16, 2 × 8 = 16; 7 + 7 = 14, 2 × 7 = 14; 3 + 3 + 3 + 3 + 3 = 15, 3 × 5 = 15; 9 + 9 = 18, 2 × 9 = 18; 4 + 4 + 4 + 4 = 16, 4 × 4 = 16; 5 + 5 + 5 + 5 = 20, 4 × 5 = 20; 10 + 10 = 20, 2 × 10 = 20; 2 + 2 + 2 + 2 + 2 = 10, 2 × 5 = 10

Compter par intervalles p. 65

1. 8 groupes, 16 **2.** 8 groupes, 40 **3.** 5 groupes, 50

Fractions : parties égales p. 66

Un demi de chacune des figures suivantes est colorié : **1.** première et troisième figures **2.** première figure **3.** deuxième et troisième figures **4.** deuxième figure **5.** première et troisième figures **6.** troisième figure

Exploration des fractions p. 67-68

1. Un cercle autour de la bonne fraction :

$$\frac{1}{3}; \frac{1}{3}; \frac{1}{2}; \frac{1}{2}; \frac{1}{4}; \frac{1}{3}; \frac{1}{4}; \frac{1}{3}; \frac{1}{3}; \frac{1}{4}; \frac{1}{4}$$

2. $\frac{1}{8}; \frac{1}{2}; \frac{3}{4}; \frac{5}{9}; \frac{8}{9}; \frac{1}{5}; \frac{3}{5}; \frac{1}{2}; \frac{2}{3}; \frac{2}{8}; \frac{2}{6}; \frac{4}{7}; \frac{1}{3}; \frac{4}{6}; \frac{1}{4}; \frac{1}{2}; \frac{7}{8}$

Des fractions en couleurs p. 69

Vérifiez que les élèves ont colorié les figures correctement.

Réfléchis bien : Exemples : $\frac{1}{3}$ d'un cercle colorié; $\frac{1}{4}$ d'un carré colorié; $\frac{1}{2}$ d'un rectangle colorié

Fractions de groupes p. 70

Vérifiez que les élèves ont colorié correctement chaque groupe de créatures. Première rangée : 1 créature, 1 créature, 2 créatures; deuxième rangée : 1 créature, 1 créature, 2 créatures; troisième rangée : 3 créatures, 1 créature, 1 créature

Problèmes avec des fractions p. 71

1. $\frac{1}{4}$ **2.** un dessin montrant 4 boîtes aux lettres, dont 3 sont vertes; $\frac{3}{4}$ **3.** un dessin montrant 3 livres, dont 2 sont encerclés;

$\frac{2}{3}$ **4.** un dessin montrant 4 carottes, dont 2 avec du fromage; $\frac{2}{4}$ **5.** un dessin montrant 2 barres de céréales, dont 1 est

encerclée; $\frac{1}{2}$

Donner l'heure, à l'heure près p. 72
Vérifiez que les élèves ont surligné la petite aiguille en bleu.
11 h; 5 h; 2 h; 10 h; 8 h; 4 h; 9 h

Donner l'heure, à la demi-heure près p. 73
Vérifiez que les élèves ont surligné la petite aiguille en bleu, et la grande aiguille en rouge. 1 h 30; 6 h 30; 2 h 30; 11 h 30;
3 h 30; 7 h 30; 12 h 30

Donner l'heure, au quart d'heure près p. 74
Vérifiez que les élèves ont surligné la petite aiguille en bleu, et la grande aiguille en rouge. 1 h 15, 2 h 15; 5 h 15; 6 h 15;
7 h 15; 9 h 15; 4 h 15

Donner l'heure, au quart d'heure près p. 75
Vérifiez que les élèves ont surligné la petite aiguille en bleu, et la grande aiguille en rouge. 1 h 45; 2 h 45; 5 h 45; 6 h 45;
7 h 45; 9 h 45; 4 h 45

Quelle heure est-il? p. 76
Un cercle autour de la bonne heure : 4 h; 7 h 30; 8 h; 11 h; 3 h; 3 h 30; 10 h 30; 5 h; 12 h 30; 9 h 30; 4 h 30; 2 h

Indiquer l'heure qu'il est p. 77
Vérifiez que les élèves ont tracé deux aiguilles sur chaque horloge, et surligné la petite aiguille en bleu, et la grande aiguille en rouge.

Les mois de l'année p. 78
1. janvier, février, mars, avril, mai, juin, juillet, août, septembre, octobre, novembre, décembre **2.** 12

Lire un calendrier p. 79
1. jeudi **2.** 5 mardis **3.** 4 samedis **4.** 7 **5.** 30 jours **6.** samedi **7.** jeudi **8.** 4 vendredis

Les pièces de monnaie p. 80-82
1. Une ligne reliant chaque pièce de monnaie à sa valeur **2.** 100 ¢, 10 ¢, 25 ¢, 200 ¢, 5 ¢ **3.** Vérifiez que les élèves ont bien suivi les consignes pour les couleurs. Réfléchis bien : 10 pièces de 10 ¢, 6 pièces de 1 $, 13 pièces de 5 ¢, 13 pièces de 25 ¢,
6 pièces de 2 $

Estimations p. 83
Danny : estimation : 50 ¢; compte : 25, 35, 45

Julie : estimation : 60 ¢; compte : 25, 50, 60, 70, 80

Luc : estimation : 50 ¢; compte : 10, 20, 30, 40, 45

Compter des pièces de 10 ¢ et de 5 ¢ p. 84
10, 15, 20, 25, 30; 10, 20, 25; 10, 20, 30, 40; 10, 20, 25, 30, 35, 40

Combien y a-t-il d'argent? p. 85-86
1. Nico : 25, 25, 25, 10, 5; 90 ¢; Jade : 10, 5, 5, 5, 5; 30 ¢; Marjorie : 15, 10 5, 5, 5; 50 ¢ **2.** Nico **3.** Jade **4.** Amélie : 25, 10, 10, 10, 10; 65 ¢; Suzanne : 25, 10, 10, 10, 5; 60 ¢; Omar : 25, 25, 25, 10, 10; 95 ¢; Julien : 25, 10, 5, 5, 5; 50 ¢ **5.** Omar **6.** Julien

Équivalences dans les pièces de monnaie p. 87
35 ¢, un dessin montrant 1 pièce de 25 ¢ et 1 de 10 ¢; 50 ¢, un dessin montrant 2 pièces de 25 ¢; 20 ¢, un dessin montrant 2 pièces de 10 ¢; 60 ¢, un dessin montrant 2 pièces de 25 ¢ et une de 10 ¢; 65 ¢, un dessin montrant 2 pièces de 25 ¢, 1 de 10 ¢ et 1 de 5 ¢

Association de sommes d'argent p. 88
Une ligne reliant chaque coût à la somme d'argent appropriée. De 95 cents à 2 pièces de 25 ¢, 4 de 10 ¢ et 1 de 5 ¢; de 1 $ à 1 pièce de 1 $; de 40 cents à 1 pièce de 25 ¢, 1 de 10 ¢ et 1 de 5 ¢; 50 cents à 1 pièce de 25 ¢, 1 de 10 ¢ et 3 de 5 ¢; 60 cents à 2 pièces de 25 ¢ et 1 de 10 ¢

Pièces de monnaie manquantes p. 89
25 ¢ + 5 ¢ = 30 ¢, dessin de 1 pièce de 5 ¢; 5 ¢ + 45 ¢ = 50 ¢, dessin de 1 pièce de 25 ¢ et 2 de 10 ¢; 40 ¢ + 40 ¢ = 80 ¢, dessin de 1 pièce de 25 ¢, 1 de 10 ¢ et 1 de 5 ¢; 10 ¢ + 55 ¢ = 65 ¢, dessin de 2 pièces de 25 ¢ et 1 de 5 ¢; 50 ¢ + 50 ¢ = 1 $, dessin de 2 pièces de 25 ¢; 20 ¢ + 55 ¢ = 75 ¢, dessin de 2 pièces de 25 ¢ et 1 de 5 ¢

Sommes d'argent équivalentes p. 90
Les dessins varieront. Exemples : 35 ¢ - 1 pièce de 25 ¢ et 1 de 10 ¢, 1 pièce de 25 ¢ et 2 de 5 ¢; 80 ¢ - 3 pièces de 25 ¢ et 1 de 5 ¢, 2 pièces de 25 ¢ et 3 de 10 ¢; 50 ¢ - 2 pièces de 25 ¢, 5 pièces de 10 ¢; 1 $ - 4 pièces de 25 ¢, 1 pièce de 1 $

La longueur p. 91-93
1. 7 trombones; 8 trombones; 4 trombones; 5 trombones **2.** 9 cm; 6 cm; 10 cm; 3 cm
3. 4 cm; 7 cm Réfléchis bien : environ 7 carrés

La masse p. 94
première rangée : 10 cubes, 4 cubes, 5 cubes; deuxième rangée : 6 cubes, 8 cubes, 7 cubes; troisième rangée : 13 cubes, 11 cubes, 12 cubes

La capacité p. 95
1. seau **2.** bol **3.** le plus gros contenant de lait **4.** seau **5.** boîte de papiers-mouchoirs **6.** bouteille de soda **7.** bol **8.** contenant de lait **9.** boîte de jouets **10.** boîte de jouets

Les mesures p. 96
1. tasse à mesurer **2.** thermomètre **3.** règle **4.** balance **5.** horloge **6.** calendrier

Le périmètre p. 97
4 + 8 + 6 = 18 m; 9 + 2 + 9 + 2 = 22 m; 3 + 4 + 3 + 1 = 11 m; 4 + 4 + 4 + 4 = 16 m

L'aire p. 98
8 unités carrées; 10 unités carrées; 8 unités carrées; 6 unités carrées; 8 unités carrées; 14 unités carrées

Le diagramme à pictogrammes p. 99
1. tarte aux pommes **2.** 7 élèves **3.** 18 élèves

Le tableau des effectifs p. 100
1. bleu 2. 5 personnes 3. 10 personnes 4. haricots verts 5. 2 personnes de plus 6. 11 personnes 7. 5 personnes 8. 2 personnes de plus

Le diagramme à bandes p. 101-102
1. la plus populaire : saut à la corde; la moins populaire : baseball; marelle : 5 élèves; le chat plutôt que le basketball : 5 élèves
2. la plus populaire : créature 3; la moins populaire : créature 2; créature 2 : 3 élèves; créature 3 plutôt que créature 1 : 2 élèves de plus; créature 4 : 5 élèves; nombre d'élèves qui ont voté : 24

Quelles sont les probabilités? p. 103
1. probable 2. peu probable 3. probable 4. certain 5. probable 6. impossible 7. peu probable 8. impossible 9. certain

Les polygones p. 104
triangle : 3 côtés, 3 sommets; carré : 4 côtés, 4 sommets; pentagone : 5 côtés, 5 sommets; hexagone : 6 côtés, 6 sommets; octogone : 8 côtés, 8 sommets

Tri de figures en 2D p. 105
première rangée : pentagone et hexagone; deuxième rangée : carré, rectangle et trapèze; troisième rangée : carré, triangle et trapèze; quatrième rangée : pentagone, rectangle et octogone; cinquième rangée : rectangle, triangle, losange et cercle

Identification d'objets en 3D p. 106-107
1. Une ligne reliant l'objet en 3D à son nom : pyramide, cube, cylindre, cône, sphère et prisme à base rectangulaire 2. cube : dé; cylindre : cannette; cône : cornet Réfléchis bien : cube; cylindre

La symétrie p. 108-109

1. première rangée :   ; deuxième rangée :   ; troisième rangée :
2. Les élèves devraient pouvoir tracer l'autre moitié de la lettre H.

Suivre des consignes p. 110
Vérifiez que les élèves colorient l'image selon les consignes.

Les coordonnées p. 111
= (2, 2);   = (4, 9);   = (9, 3);   = (7, 6);   = (4, 4);   = (6, 1);   =(3, 6);

= (8, 9)

www.ingramcontent.com/pod-product-compliance
Lightning Source LLC
Chambersburg PA
CBHW081342090426
42737CB00017B/3265